U0061698

新安舊境：南頭古城簡史

蕭國健　著

自序

近年，粵港澳大灣區（簡稱大灣區）蓬勃發展，該區包括九個相鄰城市：廣州、深圳兩個副省級市、珠海、佛山、東莞、中山、江門、惠州、肇慶七個地級市，香港與澳門兩個特別行政區。香港地區納入大灣區，未來將另有一番發展。

際此歷史嬗變時期，吾人有必要進一步認識香港之歷史、文化、古蹟、文物、社會風俗及民間信仰，以探究歷史之走向，認識前人之辛勞，激發愛國愛鄉之熱情，增強民族自信心與自豪感，從而利於日後之社會建設。

今年初，三聯書店給我提出了一個出版計劃，就是將筆者作品編為一套集子。我覺得這個建議很有意義，所以馬上接受了出版社的好意。這套集子將涵蓋香港地區之歷史、文化、古蹟、文物、社會風俗及民間信仰等方面內容，冀能成為有價值之文化積累。

蕭國鍵
2022 年仲冬月於顯朝書室

目

錄

前言

南頭地區的
沿革　CHAPTER 01

古百越時期	002
南海郡番禺縣時期	003
東官郡寶安縣時期	005
東莞縣時期	007
新安縣時期	009
近代寶安縣時期	012
經濟特區時期	013

南頭城的沿革　CHAPTER 02

前言	016
東晉東官郡治寶安	017
唐之屯門鎮	019
唐東莞縣治到涌	021
明東莞守禦千戶所城	022
明新安縣城：南頭城	024
清新安縣城：南頭城	030
近代的南頭城	036

明清的新安縣　CHAPTER 03

明清的知縣　　　　　　　　　040

明清兩朝新安縣的知縣　　　047

明清新安縣衙署　　　　　　054

新安縣的縣學　　　　　　　057

南頭城內
現存古蹟　CHAPTER 04

南頭城的城門與牆垣遺蹟　　066

參將府遺址　　　　　　　　068

節孝祠　　　　　　　　　　071

報德祠　　　　　　　　　　083

信國公文氏祠　　　　　　　094

東莞會館　　　　　　　　　107

天主教育嬰堂　　　　　　　128

南頭城內的街道　　　　　　139

南頭城與
粵東海防 CHAPTER 05

明清深港海防　　　　　　　　　　　146

深港沿岸的明清寨城　　　　　　　　162

深港沿岸的明清炮台及墩台　　　　　172

海防軍備　　　　　　　　　　　　　183

結語

南頭城的維修與保育　　　　　　　　194

前言

　　南頭古城位於中國廣東省深圳市南山區中西部深南大道與南新路交界北側，臨近深圳中山公園，該地臨近前海灣，與后海灣（後海灣）相距頗近，有着悠久的歷史，歷代曾作為東官郡城、寶安縣城、東莞所城等，管轄範圍一度覆蓋現香港、深圳、東莞、番禺南部、中山、珠海、澳門等地，是歷代嶺南沿海地區行政管理中心、海防要塞、海上交通和對外貿易的集散地，亦為深港澳地區的歷史文化源頭。該城結構一直保存到近代，但因成立經濟特區之後，過分重視經濟發展，吸引大量人口遷入，致城內古建築受到嚴重破壞。

　　自 1983 年起，我對該城及其鄰近地區作田野考察，抄錄碑銘，拍照記錄，並與該地父老長者交談，蒐集資料。歸家後以中英地方志乘、族譜及家族記錄、出土文物、現存古蹟文物、野外及公私建築所存之銘刻文等資料，研究該城之歷史及文化，並為之撰文記錄。期間獲深圳博物館李顯垣、黃崇岳、楊耀林、彭全民、葉揚等人士之幫助尤大，特作致謝。今輯集成書，題名為《新安舊境：南頭古城簡史》，希讀者能對南頭古城之歷史與文

化，有較深入之認識。

　　本書蒙內子譚肖荷女士、門人黃志培、羅維貞伉儷及各界好友之幫助，始得完成，特此致謝。因近年南頭古城地區之發展，部分文物文化或已湮沒，有等雖被保留，惟原貌或已遺失，書中所載，可作歷史性之記錄。書中不足之處，敬希惠予賜正。

蕭國健
2023 年 11 月於顯朝書室

※ 南頭地區的沿革

CHAPTER 01

古百越時期

　　南頭地區自古為百越民族聚居之地，史前之唐堯、虞舜時代
屬南交，夏、商、周三代屬揚州南裔，春秋戰國間屬揚越地。

南海郡番禺縣時期

　　秦始皇三十三年（前 214），秦軍平定揚越（揚州之南越），設桂林、南海、象三郡。南海郡下轄四縣：番禺、四會、博羅、龍川（另一說為六縣：番禺、四會、博羅、龍川、洌江、揭陽），郡治在番禺（今廣州市），主體範圍在今廣東、海南、廣西東南部和福建南部。番（蕃）禺為南海郡首縣，為南海郡郡治。秦末，南海郡尉任囂委龍川縣令趙陀代理南海郡尉。時南頭地區歸南海郡番禺縣管轄。

　　漢高祖三年（前 204），趙陀自立為南越武王，都番禺，南頭地區仍歸南海郡番禺縣管轄。漢武帝元鼎六年（前 112）冬，平定南越國，把原嶺南三郡之地析為九郡：南海、蒼梧、鬱林、合浦、交趾、九真、日南、珠崖、儋耳，設交趾刺史部，南海郡治番禺縣，領番禺、中宿、博羅、龍川、四會、揭陽六縣。綏

和元年（前 8）改交趾刺史部為交州刺史部，南海郡隸交州。期間，南頭地區仍屬南海郡番禺縣管轄。典籍有載，兩漢時，南海郡番禺縣曾有鹽官派駐。三國孫吳黃武五年（226），交州分為交、廣兩州，南海郡隸廣州，但不久撤銷廣州，永安七年（264）復置。步騭為交州刺史時，轄南海郡番禺縣。時南頭地區仍歸南海郡番禺縣管轄。

東官郡寶安縣時期

　　東晉成帝咸和六年（331），將南海郡一分為二，分出東官郡，轄八縣：寶安縣、安懷縣、興寧縣、海豐縣、海陽縣、綏安縣、海寧縣、潮陽縣，首縣為寶安縣，以原司鹽都尉擔任東官太守，郡治在城子岡地（今深圳市南山區南頭古城外）。南頭地區改隸東官郡寶安縣。東晉元興二年（403），盧循在廣州起事，至義熙七年（411）平定，傳盧循餘部退居大奚山（今香港大嶼山一帶），以捕魚為生。南北朝梁朝時，改東官為東莞，仍領寶安縣。南頭地區仍隸東官郡寶安縣。

　　隋開皇九年（589），撤銷南海郡，置廣州總管府，仁壽元年（601），因避隋煬帝名諱而改名番州，大業三年（607）又改為南海郡，下轄十五縣：南海縣、曲江縣、始興縣、翁源縣、增城縣、寶安縣、樂昌縣、四會縣、化蒙縣、清遠縣、洊洭縣、政

賓縣、懷集縣、新會縣、義寧縣。南頭地區仍隸寶安縣。

　　唐初，南頭地區仍屬東官郡寶安縣。唐武德四年（621）廢南海郡，復置廣州。天寶元年（742）改廣州為南海郡。時南頭地區仍隸寶安縣。

東莞縣時期

　　唐肅宗至德二年（757），因避安祿山惡諱，將寶安縣改作東莞縣，南頭地區改隸南海郡東莞縣。其時，南頭地區的屯門已為重要交通樞紐及軍事重鎮，政府於該地設屯門（軍）鎮，派兵駐守，明代典籍有載：「南頭城，古之屯門鎮。」屯門（軍）鎮治所，當位於南頭地區內。

　　五代時，後梁貞明三年（917），清海、建武節度使劉龑立國，都番禺（廣州），國號大越。翌年改國號為漢，史稱南漢，設興王府。番禺隸興王府，南頭地區歸南漢興王府東莞縣管理。其時，南方採珠業甚盛，南漢大寶六年（963），劉鋹於南頭地區附近之海門鎮（今汕頭市潮陽區）設媚川都，專責採珠。

　　趙宋間，南頭地區歸廣州府東莞縣管理，期間曾改屬增城。其時，中原多故，北方南遷者相繼遷入南頭地區，南頭地區南面

濱海處已開闢多片鹽場，位於九龍灣有官富場，大奚山（大嶼山）有海南柵。南宋淳熙十年（1193），曾明令禁大奚山販賣私鹽，引致島民聚眾起義。事平後，留摧鋒軍駐守，至宋季始罷。事後，大奚山之鹽業式微。宋末二帝亦曾駐蹕南頭地區南面海濱（今九龍城海濱），留下宋王台遺蹟，供後人懷緬。相傳宋帝昺投海死後，遺骸漂流至南頭南部濱海之赤灣，葬於南山腳之下，今深圳南山有宋少帝陵。

元代，南頭地區屬廣州路東莞縣管理，時東莞縣地面大步海內生產鴉螺珍珠。元延祐四年（1317）設立廣州採金珠子都提舉司，於大步海（今香港新界大埔吐露港）探珠。

明初，南頭地區屬廣州府東莞縣，洪武二十七年（1394），廣州左衛千戶崔皓開築東莞守禦所城於南頭地區，該城即今南頭古城。正德十六年（1521），葡萄牙佛朗機人入侵南頭地區，爆發屯門海戰。

新安縣時期

　　明萬曆元年（1573），政府於東莞縣南部濱海地域設新安縣，取名新安，喻意「革新鼎安，轉危為安」，治所設於南頭城內，轄今深圳及香港地區，以南頭城為新安縣縣城，並設南頭寨，作為沿海之防衛。其時，南頭地區改隸廣州府新安縣。明崇禎間，海寇曾多次困擾南頭地區南部蛇口半島上之南山煙墩，海盜劉香亦曾寇犯南頭城，後皆無功退走。

　　清初，南頭地區屬廣州府新安縣，康熙元年（1662），為禁沿海居民接濟台灣鄭氏，遂屬行遷海，禁止居民出海，此對新安縣影響極大，致人口減少，田地荒廢，康熙五年至七年（1666-1668），新安縣且被併入東莞縣。康熙八年（1669）展界，復設新安縣，南頭地區再屬之。十九世紀香港被英國分期佔領：1842年佔香港島，1860年佔九龍半島，1898年租借新界地區，為期九十九年。其時，南頭地區仍屬新安縣。

嘉慶《新安縣志》中的縣境全圖

東山寺
梧桐山
大鵬城
上同塘
鹿角
鹽田汛
沙塘
老大鵬
三菅筆
大埔頭汛
桔澳
外平洲
賴民洲
九龍汛
枇杷塘門
小金門
塔門
釣魚翁
南佛堂門
大金門
燈籠洲
仰船洲
福建頭
火滘督
校椅灣
赤柱
蒲台
三水門
三門
三門
坦

011 ※

近代寶安縣時期

　　清帝遜位後，民國初年，以「新安」一名，與河南省新安縣同名，故復稱寶安縣，南頭城仍為寶安縣之縣城。抗日期間，日軍佔據該城，政府遂遷縣治至東莞縣之石馬。解放後，以深圳交通較便，1953 年，寶安縣治遷深圳。

經濟特區時期

　　1979 年，中央工作會議正式確定在深圳、珠海、汕頭試辦出口特區，深圳成為重點試點城市，設立蛇口工業區。1979 年 3月，寶安縣更名為深圳市。1982 年，縣治遷回南頭城北首龍井山附近新建之新寶安縣城，今仍之。前清之南頭城則已發展為民居古城地域。

※ 南頭城的沿革

　　南頭城位於珠江口東岸，是南頭半島之腹地，屬廣東省寶安縣地。早在新石器時代中期，已有土著居民繁衍，為百越所居之地。秦始皇三十三年（前 214）為秦朝轄地，屬南海郡。漢朝時，於南頭設鹽官，稱「東官」。南越國時沿用先前建制。自晉成帝咸和年間至 1953 年，治所皆位於南頭地域內，現詳述於後。

東晉東官郡治寶安

　　清郭文炳《東莞縣志》卷一〈沿革〉載:「晉分南海郡地,立東官郡,治寶安,領縣六……郡治寶安在東官場北,即城子岡,今為東莞守禦千戶所,以邑有寶山,故名。」康熙《新安縣志》卷三〈地理志‧沿革〉載:「晉成帝咸和元年,分南海,立東官郡于場(按:即東官場)之地,治寶安,即今東門外城子岡……」

　　清代新安縣治所即今之南頭城,觀上文所引,可見晉東官郡治寶安之所在地,即今南頭城東門外城子岡地域,惟今南頭東門外已無「城子岡」這地名。

　　1983 年 7 月,深圳博物館在南頭進行調查,於南頭東門外前往西瀝水庫的公路東側,現地名芒果園處,徵集得一塊明代昭信校尉徐公、誥封安人周氏的合葬墓碑,該碑正中刻字:「明昭

信校尉徐公、誥封安人周氏墓」，右首：「公生於永樂壬辰正月初一，終於成化戊戌九月初十，以是年十二月廿七庚申，先葬於地名城子岡坤申向之原」，左首：「安人生永樂辛卯三月廿四日，終於弘治戊申六月初五，以庚戌正月初八合葬公之墓。明惠、孫欽立。」

從碑文得知，墓主徐校尉生於明永樂壬辰（永樂十年，1412），終於成化戊戌（成化十四年，1478），這位六十六歲的古人，死後葬於地名城子岡坤申向之原，他夫人去世後，其子孫把兩人合葬在一起。這段碑文，澄清了歷史上作為東官郡治所在 —— 城子岡的具體方位，即今南頭舊城東門外芒果園一帶，包括玉泉園藝附近及北面的那片山坡，統稱為城子岡，是東晉東官郡城的所在地。

明盧祥《東莞縣志》卷一〈山·城子岡〉載：「城子岡在東莞場故郡之後坡，勢如城，今東莞千戶所是也。」深圳博物館調查所獲墓碑中的記載，與《東莞縣志》所載相符。此可證東晉東官郡治所之所在，即今南頭城東門外一帶。

唐之屯門鎮

　　明曹學佺《大明輿地名勝志》卷一〈廣東名勝地·廣州新安縣〉載：「東莞南頭城，古之屯門鎮，乃中路也。」

　　屯門鎮之創設年代，《唐會要》中載，為唐開元二十四年（736）。該書卷七十三〈安南都護府〉載：「開元二十四年正月，廣州寶安縣新置屯門鎮，領兵二千人，以防海口。」

　　至屯門鎮之含義，分廣狹二義：廣義者，為一地區，即屯門軍鎮（軍區）。《新唐書》卷五十〈兵志〉載：「唐初，兵之戍邊者，大四軍，小曰守捉，曰城，曰鎮，而總之者曰道。」觀此，可證屯門鎮實為唐初邊區之一軍鎮。

　　該軍鎮包括的地域，據清顧祖禹《讀史方輿紀要》卷一百零一〈廣東二·新安縣·梧桐山〉載：「南頭城東南二百里，至屯門山，唐置屯門鎮兵，以防海寇。」是則南頭至屯門間，包括香

港后海灣及元朗平原一帶，皆屯門鎮轄區。

　　狹義的屯門鎮，為該軍鎮的治所，據前引《大明輿地名勝志》載，即位於今「東莞南頭城」。惟其位置是否在今南頭城內，則無法考究。

唐東莞縣治到涌

　　唐初仍置寶安縣，惟治所之位置，至今難考。逮至德二年（757），改寶安縣為東莞縣，並徙縣治於到涌。宋元明清各朝皆因之。

　　到涌的所在地，據清郭文炳《東莞縣志》卷一〈沿革〉載：「唐徙寶安縣治於到涌，即今縣治。」又明盧祥《東莞縣志》卷二〈城池〉載：「邑之舊城，磚砌，東南循到涌為城，即今德生橋濠是也。」同書卷一〈縣城圖〉中繪德生橋於縣城南門內，鉢盂山西北方、橋西北方有到涌地名。觀此，可證唐東莞縣治到涌，即位於今東莞縣城內無疑。

明東莞守禦千戶所城

　　趙宋期間，於屯門鎮地區設置營壘，曰屯門砦。明洪武三年（1370），併屯門砦入固戍砦。洪武十七年（1384），指揮花茂上言，添設沿海諸衛所，分築墩台及屯種荒地，以防倭寇。朝廷許之，遂於粵東濱海地區，設南海衛；於屯門之西，設東莞守禦所，官八員，旗軍三百八十八名（見嘉慶《新安縣志》卷十二〈經政四‧兵制‧新安營‧墩台〉）。

　　明洪武二十七年（1394），廣州左衛千戶所崔皓開築東莞守禦所城。該城之所在地，據康熙《新安縣志》卷三〈地理志‧沿革〉載：「指揮花茂奏設東莞守禦所於城子岡，廣州左衛指揮崔皓築城。」至於東莞守禦所署，則位於城內永盈街，明末廢圮。

　　崔皓所築之城，其形制甚偉。據嘉慶《新安縣志》卷七〈建置略‧城池〉載：「邑城在城子岡，即區東莞守禦所城也。明洪

武二十七年，廣州左衛千戶崔皓開築，周圍連子城共五百七十八丈五尺，高二丈，而廣一丈，址廣二丈。門四：東曰聚奎，西曰鎮海，南曰寧南，外曰迎恩，北曰拱辰……城樓敵樓各四，警舖二十五，雉堞一千二百，吊橋三，水關二，一在東南隅，一西南隅……」

明新安縣城：南頭城

明萬曆元年（1573）建新安縣，康熙《新安縣志》卷一〈輿圖志〉載：「明萬曆改元，剖符設治，始名新安，取其革故鼎新、去危為安之義。」以東莞守禦所城為縣治，首任知縣吳大訓，以「北門當縣治之背，正對來脈，開門非宜，塞北門，止通東、西、南三門，其後歷有增修。至萬曆五年，知縣曾孔志曾建東、西、南三門子城，城樓三，敵樓四，甃以磚石，庇以陰屋，以為更卒棲息之所。崇正（按：即「禎」）十三年，知縣周希曜因議新增城池，將城垣周圍增高五尺，今總高二丈五尺，雉堞八百九十有五，濠五百九十二丈，舊淺狹層浚，闊二丈五尺。」（見嘉慶《新安縣志》卷七〈建置略·城池〉）

城內建置甚為完備，康熙《新安縣志》卷五〈宮室志〉及卷十三〈雜志〉；嘉慶《新安縣志》卷七〈建置略〉、卷九〈經

政略二〉、卷十一〈經政略四〉及卷十八〈勝蹟略〉；以及清史澄《廣州府志》卷六十五至六十七〈建置略〉等志籍記載甚詳。包括：

官署

知縣署：「位城之中位北面，南中為川堂，後為思補堂，又後為縣衙正堂，右為架閣庫，左為幕廳，廳後為茶亭，為耳庫。東為典史衙堂；前東列東司、吏、戶、禮承發，西列西司、兵、刑、工九房；中為甬道。前為儀門，前為譙樓，又前為照壁；儀門外東為土地祠，祠前為迎賓館，前為吏舍，又前為旌善亭，為急遞舖。西為獄房，為羈所；前為吏舍，又前申明亭。照壁東西各有餘地，給與民起造舖舍；周以牆垣，皆經始於明萬曆元年，落成於二年，東莞知縣董裕卜基，本縣吳大訓鼎建，萬曆二十八年知縣宗舜重建譙樓，崇禎十五年周希曜建臥理軒於內署。」

譙學宮：「萬曆二年，知縣吳大訓建於東門內顯寧街王璟祠舊址，左教諭衙，右訓導衙，兩衙總一大門。萬曆二十三年，知縣喻燭，教諭施孔儉、訓導孫光祚鼎建學宮於海防廳之右，因遷教諭衙在尊經閣之前，訓導衙在教諭衙前，規制與舊又別。已而，教諭裁汰，止存訓導；時文廟遷建在城東門外，而衙宇多所廢圮，續復教諭。」

東莞守禦所署：「在城內永盈街，原與參將署峙，明末圮廢。」

海道署：「在城內守禦所之右。」

海防廳署：「在城南學署左，明末圯廢。」

永盈倉大使署：「原在縣治之後，明正統元年建，萬曆元年改遷於城西城隍廟之左，崇正（按：即「禎」）十五年裁汰，久廢。」

備倭總兵署：「在城內東南隅，明正德五年，總兵王德化建，嘉靖四十三年罷備倭，改參將署，久廢。」

參將署：「舊在城內東南隅總兵署舊址，萬曆二十三年，以其地改建學宮，（按：署參將游擊秦經國）遷於城內東北隅永盈街，即今游擊圯署。」

左營千總署：「在城西三官堂右，今圯。」

小教場

「在城北門內，明萬曆二十年，參將彭信古建。」

銃台

「一在縣城北門上，一在縣城西北上，俱崇正（按：即「禎」）二年知縣陳穀建。」

倉貯

永盈倉：「在今縣治之後，萬曆九年改遷於城隍廟之左；崇禎十五年，知縣周希曜詳汰，久廢。」

預備倉：「在永盈倉內，今與永盈倉淘汰，久廢。」

學校

學宮：「在邑城東門外，坐文岡而朝杯渡，明萬曆元年，知縣吳大訓、教諭俞香建。二十三年，知縣喻燭、教諭施孔儉、訓導孫光祚以殿宇傾圮，改建於城南海防廳之左，知縣李汝祥相繼建成。崇正（按：即「禎」）十五年，知縣周希曜以科目不振為學宮風水之故，捐貲題助，建復於東門之外。」

壇廟

城隍廟：「在城西門內，神堂三間，正宗三間，大門三間，明萬曆元年，知縣吳大訓建，歲久傾圮。已而，崇禎十五年，知縣周希曜重修。」

關帝廟：「在縣治東北隅，正堂三間，門樓一座，其後為三義堂。明萬曆十二年，參將方伯、署縣事王維翰重修；天啟元年，知縣陶學修重修；崇禎七年，知縣烏文明重修。」

旗纛廟：「在東莞所之左，軍牙六纛之神，歲霜降日改祭，所官行三獻禮。」

備倭把總署：「在城外西南隅。」

左營千總署：「在城西三官堂右。」

演武場：「在縣城南門外，中有演武亭，周圍環以垣牆。明萬曆十五年，沿垣建兵房一百間，以為總鎮哨兵住箚之所。萬曆

二十八年，設立陸營，以營兵居之。」

銃台：「在縣城外西門海邊。崇禎十四年，知縣周希曜會同南頭寨參將陸萬里建，以衛邑城。」

東莞場鹽課司：「舊在縣南門外山川壇之前。」

社稷壇：「在城外西南隅，萬曆元年，知縣吳大訓建，東西各二丈，南北如之，高二尺有奇，各二級。壇外繚以垣，垣外有時，以時啟閉。其制北向，祭時由北門入，神牌以木為之，高二尺五寸，闊四寸五分，厚九分；跌座高四寸五分，闊八寸五分，厚四寸五分；其上書神號：一曰縣社之神，一曰縣稷之神，俱硃漆書金字，並列壇上，社西稷東，祭畢藏主於庫。」

風雲雷雨山川壇：「在南門外崇鎮舖汪劉二公祠之側。萬曆元年，知縣吳大訓建，其制向南，從南門入，餘同社稷壇。」

關帝廟：「在南門外教場演武廳之左，萬曆四十年，參將張萬紀建。」

邑厲壇：「在北門外養濟院之右。萬曆元年，知縣吳大訓建。東西各二丈，南北如之，高二尺有奇。」

汪劉二公祠：「在南門外山川壇之側。明萬曆元年，知縣吳大訓、耆民吳祚等建。祠內有田租、舖租、艇租，供應每年春秋，縣長官率士民親詣祭之。」

文廟：在東門外。

福如庵：在東門外。

海光寺：在縣西觀音堂後。

養濟院：一在北門外邑屬壇之左廳事一間小屋，二十椽，以栖瞽目者。一在東門外二里三石下廳事一間小屋，數十椽，以栖瘋癲者。俱萬曆元年知縣吳大訓建。

漏澤園：取澤及枯骨之義。一在西門外觀音堂側，一在北門外。

明《蒼梧總督軍門志》中南頭的位置

清新安縣城：南頭城

清代仍以南頭城為縣城，期間雖經康熙十一年（1672）、嘉慶十六年（1811）及二十二年（1817）多次重修，然其形制仍一如明代之縣城，無大改變。城內明代之建置，清代大多仍舊沿用，有重修亦有新建。

官署

知縣署：仍舊。

典吏廨：「在縣治大堂之左，中為大堂，左為客堂，後為寢室，前為吏舍。」

教諭署：「在縣城南門內和湯街，中為皐比堂，後為內堂，前為儀門，儀門外為大門，大門前為照牆，大堂右為客廳，前為土地祠，又前為庠科。」

訓導署：「在教諭署之右，中為皋比堂，後為內堂，左為客廳，前為大門，又前為照牆。」

游擊署：在城內永盈街明參將署，堂寢廂廡一如舊制。清康熙八年（1669），游擊尹震重修，並建射圃及敬一亭。其後塌圮，游擊與守備同住迎恩街。

守備署：「在永盈街海道署側，久圮，今住迎恩街。」

軍裝庫：在守備署右。

火藥局：在北門內永盈街，清乾隆三年（1738）建。

東莞場鹽課司署：「原在南門外山川壇之前……康熙十八年，場大使周乾改建於城內學署之西北隅海防廳舊址。乾隆五十四年奉裁，署廢，今為鳳岡書院。」

銃台

仍舊。

倉貯

常平倉：「在縣署儀門外，計十二間，創建年月無考。」

屯倉：「在縣署內，雍正十年建。」

漕運倉：「在縣署二門內，乾隆九年建。」

富有倉：「在城北。」

鹽穀倉：「在縣堂側，乾隆六年建。」

學校

學宮：仍舊。

文岡書院：在城西五通街，清雍正二年（1724），知縣段巘生以金一百購為社學，顏之曰文岡書院。

鳳岡書院：位於前東莞場鹽課司署舊址。

壇廟及寺觀

關帝廟：位於縣治東北。

城隍廟：在西門內。

旗纛廟：「在東莞所左，今改祀迎恩街守備署。」

武安王廟：「在縣治東北隅。」

節孝祠：「在城內永盈街，雍正二年建。」

文文山祠：「在城內顯寧街，嘉慶丙子（按：即嘉慶二十一年，1816）知縣李維榆建。」

報德祠：在縣治前聚秀街，凡知縣有功德於民者，供於此。」

觀音閣：原位於東門外，舊名福如庵，清康熙間遷城內舊所之後，改名觀音閣。

北帝廟：在城東顯寧街。

康王廟：在城西門內永盈街倉右。

五顯廟：在城南迎恩街。

三官堂：「在城西門內，千戶袁釗建，後總鎮張國勛改修前座為三官堂，後座為佛堂。」

城外建置之可考者，有：

演武亭：在城南門外。

文廟：在東門外。

水僭廟：「在東門外學宮之右寶安書院舊址。相傳：神潮
州人，總角雨陽之候，歿而鄉人立祠以祀，禱雨輒應。乾隆丙
午（按：即乾隆五十一年，1786）丁未（按：即乾隆五十二年，
1787），廣郡大旱，總督孫士毅自潮迎至廣，奉祀於越秀山三元
宮，知縣李大根復迎居觀音閣以禱雨，果應如響。嘉慶四年，知
縣張宗幽始捐廉立廟遷祀於此，五年知縣龔鯤復添建頭座。」

先農壇：「在東門外，雍正五年知縣王師旦建，壇高二尺一
寸，寬二丈五尺；神牌以木為之，高二尺四寸，寬六寸六分；跌
座高五寸，寬寸五分，紅漆金字，上寫先農之神。壇後正房三
間，兩配房各一間，正房中間奉先農神牌，東間貯祭器農具，西
間貯藉田米穀，東配房置辦祭品，西配房令看守老農居住。壇之
外周以繚垣，啟門南向，藉田四畝九分在壇前，每年所收米粟，
貯為各祭祀粢盛之用。」

文昌廟：「在東門外文廟之左，乾隆五十一年，知縣李大
根建。」

關帝廟：「在東門外文廟之右，乾隆五十一年，知縣李大根
建……一在南門外教場演武廳之左。」

名宦祠：「在東門外文廟之東，祀明兵部尚書汪鋐、巡道劉
穩、海防同知周希尹、知縣吳大訓、喻燭、邱體乾、教諭施孔

儉、訓導孫光祚、國朝兩廣總督孔毓珣、廣東巡撫楊宗仁、兩廣總督周有德、廣東巡撫王來任、楊文乾、朱宏祚、知縣金啟貞、丁棠發、唐若時一十七人。」

鄉賢祠：在東門外文廟之西，祀晉孝子黃舒、明理學潘楫、工部員外郎吳預、孝子鄧師孟、義士陳讓五人。」

忠義祠：在東門外文廟尊經閣西，祀明殉節訓導張純儒、布衣陳文豹、劉君培、馬明山、李登英五人。

汪劉二公祠：在南門外。

元壇廟：在南門外新街口。

三界廟：在城南門外。

邑厲壇：在城北養濟院右。

海光寺：在縣西觀音堂後，後徙於南門外。

照月庵：在城外照月巖下。

西源庵：「在邑城西門外濠側僅數畝許……康熙十九年知縣張明達建。」

甘溪庵：在南頭崇鎮舖，清康熙十六年（1677）建。

觀瀛庵：在東門外，清康熙三十七年（1698）訓導林垣建、知縣丁棠發題額。

潮音庵：在城西門外原觀音堂舊址，清康熙四十年（1701）知縣金啟貞建。

寶安義學：「在東門外學宮右，康熙三十三年知縣丁棠發建，額曰寶安書院，日久傾圮，廢圯猶存，嘉慶庚申年（按：即

嘉慶五年，1800）改建水仙。」

養濟院：一在北門外，一在東門外。

漏澤園：一在西門外觀音堂側，一在北門外。

街道

城內街道有六縱三橫共有九條，即：縣前街（東門直至西門）、顯寧街（在縣東北）、永盈街（在縣署右）、聚秀街（在縣署左，學宮之右）、和陽街（在城東南學署側）、迎恩街、五通街、牌樓（正）街及新街。

城外街道有：寺前街、寺前正街（在南門外）、聖堂街、廣惠街、新興街、中和街、巷頭街、福慶街、悅新街、大新街、賣鍋街、石獅街、豬仔街、打鐵街、新舖街、上南昌街及下南昌街（見嘉慶《新安縣志》卷七〈建置略‧街道〉）。

近代的南頭城

　　清帝遜位後，南頭城仍為寶安縣之治所，抗日期間，日軍曾佔該城，政府遂遷縣治至東莞縣之石馬。解放後，於 1953 年，以深圳交通較便，寶安縣治遂遷深圳。1982 年，縣治重遷回南頭城北首龍井山附近新建之新寶安縣城，而前清之南頭城則已改為民居地域。

明清的新安縣

　　縣官指中國縣衙最高官員，掌所管轄縣的行政、司法、財政、文化、教育等大權。縣官為帝王命官，由科舉、捐納或薦舉選拔，繼由吏部銓選，最後以皇帝命令行之。科舉制度在唐朝完善後，逐漸成為選拔官員的重要制度，通過科舉考試為官者稱「正途」。此外，還有由皇帝直接任用、考績升用、捐納等任命為縣官的方式，通過捐納為官者稱「異途」。

「縣」之等級

　　明代，縣之等級以貢賦多少區分為三等，但未有具體劃分標準。清代沿襲明制，雍正以後，按州縣所在位置、管轄面積、治理難易等因素，將州縣劃分為「衝、繁、疲、難」四等：地當孔道者為「衝」，政務紛紜者為「繁」，賦多逋欠者為「疲」，民

刁俗悍、命盜案多者為「難」。在一般情況下，凡四字俱有者為最要缺，佔三字者為要缺，二字為中缺，只佔一字或連一字也不佔者為簡缺；但也有雖佔字不多，而屬要缺或最要缺者。以官之資歷、能力對應「缺」之繁簡，以官補「缺」，「官、缺」相稱。

縣官之選用

明制，從進士、舉人中選用縣官。萬曆年間規定，州縣正印官，以上中為進士缺，中下為舉人缺，最下為貢生缺。明萬曆二十二年（1594），吏部尚書孫丕揚初創「掣籤法」，其後，由吏部抽籤決定縣官分配去向。清朝沿用。

掣籤之法：凡候選縣官，須於吏部經七項考核程序：一是別其流品，即要身家清白；二是觀其身言，即要品貌端正，言談流利，身體健康；三是核其事故，即看有無過錯或未結之案、父母喪在身等；四是論其資考，即查考俸期；五是定其期限，即要趕上銓選時間；六是密其迴避；七是驗其文憑。經過考核後，再等到單月選或雙月選，在吏部抽籤，抽到派出地點，就到吏部領取委任告敕，奉敕上任。清末，各省長官權力增大，縣官實際上由省里以「遇缺先」之資格委派，就算是皇上從吏部派來之縣官，省里亦可拒絕其到任。

任職迴避

明清兩朝，縣令理論上不得在籍貫所在之本省各縣任職，也

不得在家鄉五百華里之內的他省任職，凡近親、近姻親亦不得在同一省任職。

縣官之品秩

明清時，知縣為正式官名，正七品，習稱縣令，主一縣之政。清代規定除大興、宛平二京縣知縣為正六品外，其餘諸縣均為正七品，因「官」（具有做官資格）多而「缺」（官位）少，得官較難，故也有同知（五品）、通判（六品）借補知縣，有因特殊原因，獲欽加或特授較高職銜。

縣官之從屬

縣令下設縣丞（正八品）一人，主簿（正九品）無定員，分掌糧馬、戶籍、徵稅、緝捕諸事，縣丞辦公專署稱縣丞衙（廨）、主簿辦公專署稱主簿衙（廨），各有典史（未入流）協助辦事。另有書吏（從九品）在六房辦理文稿，衙役多名做力差。

此外，縣令亦聘請幕友，包括師爺或長隨，作為心腹。師爺亦稱幕友、幕賓、西賓、西席，專稱夫子或老夫子，為縣令之智囊（參謀顧問），在署內核議批議。長隨也稱長班，為縣官之家奴、家人，負責幫辦公務，主要有門上、司印、簽押、司倉、跟班、值堂、書啟、呈詞、執貼、傳話等，及在官、幕、吏、役中往來傳達，安排事務，是縣官貼身心腹。

縣官之任期

清代縣官行限任制，三年為一俸期，即三年一任。凡已除官員，在外者以領文憑限票日為始，各依定程期限期赴任，若無故過期者，一日笞一十，每十日加一等罪，只杖八十，並留任。若新官已到任，舊官各照已定期限，交割戶口錢糧、刑名等項，及應有卷宗籍冊完備，無故十日之外不離任所者，依赴任過限論，減二等，亦留任。

縣官任滿，酌情予以升、遷、調、補。如是平調，一般仍在本省。如是提升，或簡調，或為提拔重用，則變動較大，亦有調派他省者。又凡經考核，本應升遷者，百姓可以請求連任，為使連任官員不至因連任而失去應升之級別及增加之俸祿，即在原職上加級或改銜，此為以德禮輔行政，加強知縣權威之獎勵辦法。

議敘

清代文官有功的獎勵機制是議敘，就是交吏部核議，以定功賞等級。紀錄及加級皆用於議敘官員，有具體政績才能紀錄，有紀錄才能加級，有紀錄、加級才能加銜。清代文官獎勵之議敘制度，一共有十二等級，由加級與紀錄組合而成，加級一次，相當於四次紀錄。《清會典》卷十一〈吏部〉載：「凡議敘之法二：一曰紀錄，其等三；二曰加級，其等三。合之，其等十有二。自紀錄一次至紀錄三次，其上為加一級，又自加一級紀錄一次，至加一級紀錄三次，其上為加二級……凡十二等……」

對清代文官而言，議敍只為獎勵，而非直接晉升方式，亦無物質獎品，但所得到之加級或紀錄，則為官員日後晉升之重要參考依據，也是一項榮譽，亦能抵消未來可能之行政處分。

俸祿及養廉銀

據明《大明會典》記載，知縣每月支俸三兩銀，正七品之縣令除底薪外，還有其他實物補償，或其折抵津貼。清初文官之俸祿標準，延續《大明會典》制定之低薪制，官吏之俸祿以歲俸為名，發給銀兩，從正一品至從九品及未入流，共分十等級。正一品官之俸祿，為未入流最低官之六倍，一般七品知縣之的歲俸為四十五兩，較明代知縣之俸祿更低。

由於俸祿低，不足給用，地方官在徵收賦稅時，有將實際火耗百分之一至二增至百分之五十，將多徵部分據為己有，形成陋規。此外，徵收糧食時，有解交戶部的「平餘」、正常損失的「鼠尾耗」、量米損失的「升米耗」，以及堆放倉庫損失的「倉場耗」等名目，從而大大加重人民的負擔。

清雍正帝面臨這些私徵雜派問題，於雍正元年（1723）始創養廉銀制度，本意是想藉由高薪來培養及鼓勵官員廉潔之習性，進而避免貪污之事發生，因此取名為「養廉」。其辦法是在徵課賦稅時，將統一規定之火耗銀，提解上繳，然後再按期回發給地方官，作為正俸以外之補助，以達致養成及保持廉潔的操守。

養廉銀通常為本薪的十至百倍，其標準混亂，缺乏公平性。

據《清會典事例》記載，清雍正年間之養廉銀制度尚屬創行階段，各地官員之養廉銀額差別很大，且多有變更。乾隆十二年（1747），全國進行調整，成為定制。清中期以後，廣東地區知縣之養廉銀為六百至一千五百兩，同知為六百至八百兩。

輿服

清代沿用明代創始的補服制度，在胸背的補子繡鳥、獸，並以帽頂飾物來區別品級高低。文官服飾一二品為九蟒五爪袍，三至五品為八蟒五爪袍，六至九品為五蟒四爪袍，並規定袍服胸背一品繡仙鶴，帽飾紅寶石；二品錦雞，帽珊瑚；三品孔雀，帽藍寶石；四品雲雁，帽青金石；五品白鷳，帽水晶石；六品鷺鷥，帽硨磲（類似於珍珠與玉石的一種寶物）；七品鸂鶒，帽素金頂；八品鵪鶉，帽陰文鏤花；九品及未入流練雀，帽陽文鏤花。

清代用以區別官員品級的帽飾，以紅寶石為最高，依次為珊瑚、藍寶石、青金石、水晶、硨磲、素金、鏤花陰文金頂、鏤花陽文金頂。革職或降職時，即革除或摘去所戴頂子。朝冠與吉服冠在三品以上略有區別，如紅寶石僅用於文武一品官朝冠，吉服冠用珊瑚。進士、狀元朝冠特用金三枝九葉，舉人用金雀，生員用銀雀；朝服則舉人以上用素金，與七品官司同，生員用素銀。僭用帽頂有屬禁，對八九品原用鏤花陰、陰文金頂者，如因軍營保舉及捐納得虛銜者，雖居微職，亦可依其虛銜戴頂子。

頂珠與花翎，是官員身份的象徵，只有有品級的官員可以使

用。花翎用孔雀羽毛做成的，分為三種，分別為單眼花翎、雙眼花翎與三眼花翎，這個一眼二眼其實就是指孔雀羽毛上的圓圈，其中以三眼花翎最為珍貴顯榮。

　　新安縣縣令為七品，補子用鸂鶒，鸂鶒是一種水鳥，也是代表吉祥的瑞鳥，寓意是為官要造福百姓，帽素金頂，頂珠為黃金。

　　明萬曆元年（1573），始從東莞縣分設新安縣，賜名「新安」，取其「革故鼎新、去危為安」之義，縣治即設於東莞守禦所城（南頭城）。

明朝新安縣知縣

姓名	籍貫	出身	上任時間
吳大訓	廣西馬平	歲貢	萬曆元年（1573）
曾孔志	福建閩縣	舉人	萬曆四年（1576）
范經	福建松溪	舉人	萬曆七年（1577）
鄒守約	江西宜黃	舉人	萬曆十一年（1583）
梁大皞	廣西馬平	舉人	萬曆十二年（1584）

邱體乾	江西臨川	舉人	萬曆十四年（1586）
宋臣熙	江南溧陽	選貢	萬曆十七年（1589）
喻爥	江西新建	舉人	萬曆二十一年（1593）
葉宗舜	福建	舉人	萬曆二十六年（1598）
李汝祥	江西	舉人	萬曆二十八年（1600）
李時偕	江西永新	舉人	萬曆二十九年（1601）
林一圭	福建	舉人	萬曆三十二年（1604）
俞堯衢	湖廣蘄州	舉人	萬曆三十五年（1607）
鄧文照	江西	歲貢	萬曆三十八年（1610）
王廷鉞	江南金壇	貢生	萬曆四十一年（1613）
陶學修	廣西全州	舉人	萬曆四十六年（1618）
陳良言	江西進賢	舉人	天啟二年（1622）
黃繩卿	福建晉江	舉人	天啟四年（1624）
喻承芳	湖廣石首	舉人	天啟六年（1626）
陳谷	福建同安	舉人	崇禎元年（1628）
烏文明	浙江慈谿	恩貢	崇禎四年（1631）
李鉉	福建漳平	進士	崇禎八年（1635）
彭允年	貴州石阡	舉人	崇禎十年（1637）
周希曜	江南旌德	舉人	崇禎十三年（1640）
孫文奎	浙江紹興	舉人	崇禎十七年（1644）
楊昌	四川	舉人	隆武二年（1646） （歸順清廷離任）

清朝新安縣知縣

姓名	籍貫	出身	上任時間
順治三年（1646），廣東總督佟養甲入粵，明朝知縣楊昌歸順清廷離任，清朝知縣張文煜蒞任。			
張文煜	奉天	歲貢	順治三年（1646）
楊美開	江南	貢生	順治五年（1648）
李君柱	湖廣黃岡	貢生	順治七年（1650）
何中賢	山西	貢生	順治十一年（1654）
馬以懋	陝西	舉人	順治十三年（1656）
張鵬彩	陝西	舉人	順治十八年（1661）
張璞	陝西甘肅衛	拔貢	康熙二年（1663）
康熙五年（1666），新安縣併入東莞縣。康熙八年（1669）七月，復新安縣，委番禺縣丞路一黿暫署縣事。康熙九年（1670），知縣李可成蒞任。			
李可成	遼東鐵嶺	蔭生	康熙九年（1670）
羅鳴珂	正紅旗	監生	康熙十四年（1675）
張明達	奉天府瀋陽正藍旗	監生	康熙十七年（1678）
安定枚	遼東東寧衛鑲紅旗	監生	康熙二十三年（1684）
靳文謨	直隸開州	進士	康熙二十六年（1687）
丁棠發	浙江嘉善	進士	康熙三十三年（1694）
金啟貞	正白旗	監生	康熙三十九年（1700）

趙大嵋	浙江錢塘	不詳	康熙五十二年（1713）
黃廷賢	福建惠安	舉人	康熙六十一年（1722）
徐雲祥	浙江上虞	進士	雍正二年（1724）
段爔生	湖廣長寧	進士	雍正二年（1724）
王師旦	浙江海鹽	進士	雍正三年（1725）
何夢篆	江南江寧	進士	雍正八年（1730）
湯登鰲	江南	不詳	乾隆六年（1741）
唐若時	陝西渭南	進士	乾隆九年（1744）
鄧均	靈邱	進士	乾隆十年（1745）
汪鼎金	浙江錢塘	進士	乾隆十一年（1746）
趙長民	陝西興平	舉人	乾隆十六年（1751）
沈永寧	江南吳縣	監生	乾隆十八年（1753）
王文徵	江蘇鎮洋	進士	乾隆年
張之浚	江蘇無錫	不詳	乾隆年
書圖	鑲黃旗	舉人	乾隆年
嚴源	江蘇元和	副榜	乾隆二十三年（1758）
邢璵	陝西西安涇陽	貢生	乾隆二十七年（1762）
楊士機	江南婁縣	進士	乾隆二十九年（1764）
譚見龍	江南昭文	舉人	乾隆三十二年（1767）
鄭尚桂	直隸宛平	舉人	乾隆三十三年（1768）

富森布	鑲黃旗	舉人	乾隆三十五年（1770）
李文藻	山東益郡	進士	乾隆三十六年（1771）
楊士機	江南婁縣	進士	乾隆三十六年（1771）
曾璞	安徽舒城	舉人	乾隆三十九年（1774）
繆一經	不詳	不詳	乾隆四十年（1775）
高暎	河南商城	監生	乾隆四十年（1775）
楊任	直隸長垣	拔貢	乾隆四十一年（1776）
舒明阿	不詳	不詳	乾隆四十一年（1776）
蘇燦	浙江	舉人	乾隆四十二年（1777）
夏家瑜	江西新建	監生	乾隆四十二年（1777）
洪肇楷	江蘇儀徵	監生	乾隆四十三年（1778）
高質敬	直隸任邱	舉人	乾隆四十四年（1779）
吳沂	直隸滄州	舉人	乾隆四十五年（1780）
李大根	山西榆次	進士	乾隆四十九年（1784）
朱啟	直隸保安	舉人	乾隆五十三年（1788）
陳寅	浙江海寧	舉人	乾隆五十五年（1790）
胡傳書	江蘇青浦	監生	乾隆五十六年（1791）
師保元	山東	舉人	乾隆五十九年（1794）
陳兆言	江西贛縣	附貢	乾隆六十年（1795）
袁嘉熙	廣西臨桂	舉人	乾隆六十年（1795）
陸來	浙江歸安	附監	嘉慶二年（1797）

張宗闓	浙江開化	附監	嘉慶二年（1797）
龔鯤	江蘇江寧	舉人	嘉慶四年（1799）
孫樹新	浙江錢塘	舉人	嘉慶五年（1800）
王廷錦	湖北天門	舉人	嘉慶八年（1803）
朱麟徵	江蘇宜興	舉人	嘉慶八年（1803）
田文燾	河南固始	舉人	嘉慶十年（1805）
許濬	江南武進	吏員	嘉慶十年（1805）
李維榆	江西吉水	舉人	嘉慶十一年（1806）
白書田	河南新鄭	增貢	嘉慶十三年（1808）
鄭域輪	河南息縣	拔貢	嘉慶十四年（1809）
李維榆	江西吉水	舉人	嘉慶十四年（1809）
章予之	浙江山陰	議敘	嘉慶十八年（1813）
孫海觀	甘肅平涼	拔貢	嘉慶十九年（1814）
吳廷揚	甘肅秦州	舉人	嘉慶二十一年（1816）
舒戀官	江西靖安	進士	嘉慶二十一年（1816）
舒戀官	江西靖安	進士	嘉慶二十三年（1818）
姚敆	安徽	監生	嘉慶二十四年（1819）
鄧寅春	江西新城	進士	道光元年（1821）
梁星源	陝西岐山	舉人	道光十八年（1838）
王銘鼎	貴州思南	進士	道光二十年（1840）
張起鵾	江西新城	進士	道光三十年（1850）

黃光周	福建福州	進士	咸豐二年（1852）
沈廣揚	浙江紹興	舉人	咸豐六年（1856）
王壽仁	廣西桂林	舉人	咸豐八年（1858）
徐世琛	浙江湖州	監生	咸豐八年（1858）
鄭曉如	山東兗州	舉人	咸豐八年（1858）
烏廷梧	陝西西安	監生	同治元年（1862）
李灝	湖南嶽州	監生	同治三年（1864）
吳濱	貴州貴陽	舉人	同治四年（1865）
李海樓	江蘇淮安	監生	同治七年（1868）
伊紹鑒	福建汀州	舉人	同治九年（1870）
趙新	山西平遙	舉人	光緒二十三年（1897）（？）
劉駿聲	不詳	不詳	光緒二十九年（1903）（？）
光緒以後有待補充			

（列表據康熙《新安縣志》、嘉慶《新安縣志》、道光《廣東通志》及光緒《廣州府志》整理）

明清新安縣衙署

　　明代知縣衙署，位於南頭城之中位北面，明萬曆元年
（1573），東莞知縣董裕卜基，新安縣首任知縣吳大訓鼎建，落
成於萬曆二年（1574）。南中為川堂，後為思補堂，又後為縣衙
正堂，右為架閣庫，左為幕廳，廳後為茶亭，為耳庫。東為典史
衙堂；前東列東司、吏、戶、禮承發，西列西司、兵、刑、工九
房；中為甬道。前為儀門，前為譙樓，又前為照壁；儀門外東為
土地祠，祠前為迎賓館，前為吏舍，又前為旌善亭，為急遞舖。
西為獄房，為羈所；前為吏舍，又前為申明亭。照壁東西各有餘
地，予民起造舖舍；周以牆垣。萬曆二十八年（1600），知縣宗
舜重建譙樓。崇禎十五年（1642），周希曜建臥理軒於內署。清
代知縣署仍舊。

　　1938 年 10 月，日軍從大亞灣登陸，寶安縣淪陷，知縣衙署

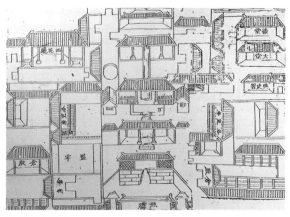

清新安縣衙圖

被毀，戰後且被拆卸，遺蹟無存。近年，於城內報德祠旁，仿舊衙署，重建新安縣衙，供遊人遊覽。該建築為三進，大門上懸木匾「廣州府新安縣衙」，門前有石獅一對，右側有鳴冤鼓，正堂上掛「明鏡高懸」匾。

堂前有近年重刻清雍正五年（1727）所立之〈上諭閩廣正音〉碑。該碑凡十一行，每行三十四字，共三百六十二字。文云：

　　上諭：凡官員有蒞民之責，其語言必使人人共曉，然後可以通達民情，熟悉地方事宜，而辦理無誤。是以古者，六書之制，必使皆聲會意，閩雜諧音，皆所以遵成道之風，著同文之治也。朕每引見大小臣工，凡陳奏覆歷之時，唯有福建廣東兩省之人，仍係鄉音不可通曉。夫伊等以現登仕籍之

人，經赴部演禮之後，其敷奏對揚，尚有不可通曉之語，則赴任他省，又安能於宣讀訓諭，審斷詞訟，皆歷歷清楚，使小民共知而共解乎。官民上下語言不通，必致胥吏從中代為傳達，于是添飾假借，百弊叢生，而事理之貽誤者，多矣。且此兩省之人，其語言既不可通曉，不但伊等歷任他省，不能深悉下民之情。即伊等身為編氓，亦必不能明白官府之意，是上下之情，扞格不通，其為不便，實甚。但語言自動習成，驟難改易，必其徐加訓導，庶幾歷久可通。應令福建、廣東兩省督撫，轉飾所屬各府、州、縣有司、教官，遍為傳示。多方教導，務期語言明白，使人通曉，不得仍前習為鄉音，則伊等將來引見，殿陛奏對，可得詳明，而出仕地方民情，亦易于能曉矣。

重建後的新安縣衙

寶安書院

清康熙三十三年（1694）新安知縣丁棠發建寶安書院於新安城（南頭城）東門外，聘該邑舉人溫澤孚為首任山長。其後因日久失修而傾圮。嘉慶五年（1800）改建為水仙廟。有關該書院之歷史無考。

文岡書院

清雍正二年（1724），新安知縣段巘生於城西五通街創建文岡書院。書院舊址原由徐守備購蔡葉各姓園屋基址，整舊增新，為椽一十有六，計共二十九間，各文約價值及修造木料磚瓦費一百三十四金。知縣段巘生以一百金購為社學，顏之曰文岡書院。段巘生重視教育，禮賢下士，政簡刑清，乃倡建書院，並撥

租穀，廣置學田，以為社師束修、生童膏火之費。積學勵行之山長有蔡珍、陳振、鄧晃、陳宗光、黃夢桂及冼攀龍等。

書院內有〈創建文岡書院社學社田記〉碑，惜已廢圮無存。惟嘉慶《新安縣志》有載，文云：

邑令皇帝臨雍釋菜，崇儒重道，令天下郡縣有學田者，建置社學，部臣下其事於直省，檄行郡縣，郡縣帖下，教官商酌查議。新安舊隸東莞，明之中葉，分為今治，故無學田，前尹丁公棠發曾建義學，一棟三楹，於文廟之右，而無房舍。又其地處東郊，無城郭牆垣以為之衛。時海疆多警，子弟視城外為畏途，竟成虛設。會裁所之議下所官，舊有官署一區，兵燹之後，已為墟矣。官斯土者，賃舍以居，前守戎張君、蔡君，先後曾購民房改造，計一十三間，展轉遞賣歸於今守戎徐君，徐君又別購蔡、葉各姓園屋基址，整舊增新，為椽一十有六，共二十九間，計費白鏹一百三十有四。徐君將售之於巡司周君、大使胡君，兩君乃商之於余，余曰：曷讓此與余，購為社學乎。兩君欣然許可，守戎亦願自減其值，受價一百金。於是鳩工庀材，創造一新，額之曰文岡書院。邑弟子員廖生九我，聞風慕義，以其家嘗田五十石，捐為社田，其田土名籌管莆，原載三都二十一圖，五七兩甲，廖亞安、廖傑祖，民米四石九斗一升九合九勺零，即着原佃彭尚璉等，承批輸租，其彭姓所毀石壆，立命修整，

復舊地，丁錢糧即予豁除，又撥四都十圖劉壯華的名鳳陽，原入官，土名屋後、壟牛路口、龍子尾等處，共租二十一石，每年約存二十石，為修整房舍之費，以五十石作社師、束脩人役工食，則有工費銀拾陸兩，買舖收租，量給餘，尚有罰修學磚銀兩註冊，清追生息，為諸生童膏火之資，委令捕廳魯君、巡司周君、大使胡君、與諸共事者，同稽其出入之數。嗣後文武各官，不得佔為衙署，租石銀兩，不得私收顆粒分毫。當事往來，不得借為傳舍，以荒生童學業，有負聖天子建立社學之至意，而奮志青雲之士，務期砥礪切磋，明體達用，為名世，為良臣，庶於吾道大有光也。是役也，首其事者，巡司周君聯甲、大使胡君文煥、邑庠廖生九我；勤其事者，邑庠侯生建邠、魯生學藻、王生國斐；從後聞而樂於從事者，捕聽魯君元臣、巡司施君宏範、明經陳君昌期、曾君于祺、黃君夢桂、曾君大元、邑庠戴生、大禮黃生夢槐、冼生瑢其。案交倉房典吏林達周收存，以後遞交而下，不得遺失。并書於此。

至嘉慶年間，書院已廢圮多時。

鳳岡書院

清嘉慶年間，孫樹新、王廷錦、朱麟徵、許溶等四任知縣相繼捐俸首倡，眾紳士合力捐輸，集資購買城南和陽街之裁汰東莞

場鹽課司署，改建鳳岡書院。

孫樹新，浙江錢塘人，舉人，嘉慶五年（1800）任。王廷錦，湖北天門人，舉人，嘉慶八年（1803）任。朱麟徵，江蘇宜興人，舉人，嘉慶八年（1803）任。許溶，江蘇武進人，吏員，嘉慶十年（1805）任。東莞場鹽課司署原在南門外山川壇之前，圮廢垂三十餘年。康熙十八年（1679），場大使周乾改建於城內學署西北隅海防廳舊址。乾隆五十四年（1789）奉裁，署廢。改建為鳳岡書院。

書院自清嘉慶八年癸亥（1803）二月經始，十一年丙寅（1806）仲春落成；布政司康基田顏額「鳳岡書院」。康基田，字茂園，晉興縣人，乾隆二十二年（1806）進士，嘉慶七八年（1802-1803）間任職廣東省市政使，嘉慶十八年（1813）以三品卿銜終，年八十二。

書院的形制，據嘉慶《新安縣志》卷九〈經政二‧書院‧鳳岡書院〉載：「中為講堂，前為靈台，台下為甬道，左為東齋，右為西齋，前為大門，門外古榕二，又前為照牆，牆外為頭門，有門役小房二間。講堂後為光賢堂，又後為魁星樓，督糧道章銓題有『聽雨軒』匾額；兩旁砌以花欄，樓之左右列書舍八間，樓後餘地繚以垣牆。」

院內先賢堂側舊有知縣許溶題立之〈新建鳳岡書院〉碑，惟碑石早已不存。嘉慶《新安縣志》卷二十三〈藝文二〉中載該碑全文云：

自古鄉學之設，教養兼施，我國家列聖相承，數百年來，俗美風行，禮陶樂淑，雖遐陬僻壤，莫不家有塾，黨有庠，凡所以廣教化、育英才者，至周且備。新邑地處海濱，居民自耕漁而外，不廢絃歌；故邑志載：寶安書院已久廢，而城之西南隅又有文岡書院，亦因年久傾圮，基址僅存。嘉慶壬戌歲，前邑宰王君，因城內有裁汰東莞場署，乃捐俸首倡，諸紳士復合力捐輸，購其地，改鳳岡書院；於癸亥二月經始，丙寅春仲落成。予適承乏是邦，因思毓秀興賢，既富方穀，為諸生謀膏火之資；隨查從前有民人劉壯華等，呈送田畝，詳奉撥歸書院，向因租穀完欠不齊，致支銷多寡不一，今為之徹底清釐；除抵糧外，悉以其銀歸入書院應用。爰定出納章程，開列條款，以垂永久，顧亦唯是少有；苟完塊未盡善，後之君子，蒞斯土者，宜思增其輪奐，益其田疇，庶教養無窮，人文蔚起，予實有厚望焉。

　　書院之經費，主要來自邑人捐送的田畝租項。據嘉慶《新安縣志》卷九〈經政二·書院·鳳岡書院〉後所附之田畝租項條，中載邑人劉壯華、廖瑤、劉逢泰、廖九我、歐陽烱、何隆裕等共送田租合計穀七百三十九石四斗三升九合，另薄寮租銀四十一兩四錢九分六厘。除此，部分官司罰金，如官地之報陞、土地爭控、買熟佔荒等情，其罰金亦撥充書院師生膏火。詳見嘉慶《新安縣志》卷八〈經政略·官租〉。

據香港新界錦田永隆圍鄧氏長者謂：該族先賢鄧英元，清乾隆五十四年（1789）武舉，嘉慶十二年（1807）亦有捐銀創建鳳岡書院，並於嘉慶二十四年（1819）參與贊修邑志，《新安縣志》亦有記載。書院建成時，英元且曾題書「一塵不染」木匾，懸院正門橫樑。惜該木匾今已不存。

南頭城學校

清光緒三十一年（1905），朝廷下令廢除科舉制。光緒三十二年（1906）年改鳳岡書院為鳳岡學校。民國三年（1914），新安縣改名寶安縣，鳳岡學校更名寶安縣第一高等小學。

民國十五年（1926）春，學校擴大建制，分立中學部，更名為寶安縣立初級中學，校址設於南頭城東門外義學街學宮（孔廟）內，即清康熙三十三年（1694）所建寶安書院舊址。民國

深圳市南頭九街小學，今天主教育嬰堂。（1987 年攝）

十七年（1928），寶安縣立初級中學更名為寶安縣立第一初級中學。

1938 年 10 月，日軍從大亞灣登陸，寶安縣淪陷，學校校舍被毀，小學部被迫遷至南頭城南門內西側之文岡書院舊址，並更名為蓮城小學。舊校遺址今亦難辨，城內南門內名鳳岡之地，疑即舊日鳳岡書院的基址。1945 年抗日戰爭勝利，學校於寶安縣城九街小學校舊址（前文岡書院舊址，南頭中學現址）復課。

1949 年，寶安縣立第一初級中學改名九街小學，1950 年改名寶安第一中學，1958 年改稱南頭中學。1979 年，寶安縣改深圳市，學校名稱遂改為深圳市南頭中學。2018 年學校重建，2021 年更名為南頭城學校。當年布政司康基田所題之「鳳岡書院」石額，仍矗立於校門牌樓大廳。

棄置城內的「鳳岡書院」石額（1987 年攝）

南頭中學內的「鳳岡書院」石額

※

南頭城內現存古蹟

CHAPTER 04

南頭城的城門與牆垣遺蹟

　　南頭古城（又名新安故城）位於南山區深南大道以北，中山園路以西。古城建於明洪武二十七年（1394），為當時東莞守御千戶所城。該城呈不規則矩形，四周濠溝圍繞。城垣範圍東西長六百八十米，南北寬五百米。城牆用山崗黃泥沙土夯築，內外包磚。城牆頂寬一丈、底寬二丈。有東、西、南、北四城門：東門「聚奎」、西門「鎮海」、南門「寧南」、北門「拱宸」。南門外有甕城，門額「迎恩」，城牆上有四個城樓、二十五個哨衛、一千二百個雉堞。城外有三個吊橋、兩個水關，水關分別位於東南隅和西南隅。

　　南城門保存較完整，呈拱形，門底寬十米，高 4.5 米，門洞寬 2.8 米，門上石額小篆陰刻「寧南」二字，其城樓已毀，今重建。東城門位於今東山中路盡頭，雖存，但已改為石塊構築，門

額小篆陰刻「聚奎」。西北兩城門已毀，除北城牆尚存一段高低不等、斷斷續續的城牆遺蹟外，其餘城牆基址已無存。

南頭城南門

南頭城東門

參將府遺址

《新安縣志》記載，明代沿海地區深受倭寇之騷擾。為防倭患，明朝在新安設立南頭寨。從明嘉靖四十四年（1565）起，南頭寨最高職官為參將。參將或稱參戎，為明代首設分守邊區、主城內協守統兵官的名稱，為職事官（差遣官）非寄祿官，無一定品秩。明朝軍官階次為總兵官、副將、參將、游擊將軍、佐擊將軍、坐營、號頭、中軍、千總及把總。

清沿明官制，參將為綠營武官。清朝綠營，軍官階次為提督、總兵、副將、參將、游擊、都司、守備、千總及把總。在清朝，參將為正三品官，位於總兵、副將之下，游擊、都司之上。該官聽命於總兵，亦有擔任撫標（直轄巡撫）中軍，由兵部主管。

南頭古城內的參將府，約建於明嘉靖四十四年（1565）。原參將府位於南頭古城南，因年久失修毀塌。至明萬曆十一年

〈重修參將府記〉拓片（局部）

（1583），時任游擊秦經國以俸銀在城西（今南頭中學操場一帶）購地重建。參將府內立有〈重建參將府記〉碑，碑文詳細記述參將府重建的時間、經過、資金出處及該府第的規模。

該參將府已毀塌無存。1982 年 6 月，該碑於南頭中學西側被發現，為深圳博物館徵集入藏。該碑高一百三十九厘米，寬七十五厘米，厚十五厘米。青石質，圓首方身。碑身邊線刻卷草紋，碑文為楷書，共二十行，每行二十八字。為新安縣儒學教諭周繼董撰。文字有漫漶，碑有殘傷。該碑為研究深圳明史及海防史的重要資料。碑額陰刻「重建參將府記」六個篆字。碑文云：

將府之設，其來久矣。新安襟帶滄海，倭酋憑險四出，汛期則藉督舟沛，以捍出境；外暇則奠茲運籌，以坐哨不

軌,卷舒呼吸,生靈安危,攸仗甚矣。將府之不能已於設也。舊府位城南,形勢逼歡回,迄今二百餘載。傾□□秋,風雨大作,圮頹無完宅。東望秦公經國,鎮東人也。以本粵都閫榮耀,游擊蒞任,旁際期無何,旋度城西善地,偉然閎布足觀,間雜軍營曠土,遂捐俸售直合為一址,日內詳諸。兩台暨巡海存敬朱公東光,海防陽山朱公一柏,相計共事,僉蒙俞允,即卜吉構造,前之木石磚瓦,不及朽毀,足堪營善者,移仍如故。余所缺損,補輯靡遺。首諉禾戶沈良節,持己貴以資辦。樹財拓基,鑿地鳩工趨事,築砌廡蓋,連月不休。得建正堂一座,左右寢室及廡各一,帶頭門五間,儀門五間,土地堂三間,皂隸房十間,書舍者三,廚舍者三,而以大樓一座終焉。詳稽大工之董多任,襄府故物所不敷者,弗吝私囊出償,止後座未備行,縣支銀助建,此外無及焉。夫力則取船兵,不騷動民間也。是舉也,經始於壬〔午〕冬十月十三日,落成於癸未春三月廿八日。不傷財,不害民,苟有利於社稷,殊無惜乎勞瘁,倚與卓哉之蒞嗤也。顧宜尋其跡而思其忠,預弭防之計,貽帖席之安,務期怦懥,國家斯善矣。故特紀以詔來者。新安縣儒學教諭周繼董謹撰。萬曆癸未仲夏吉日立。

節孝祠

旌表節孝之俗

我國傳統社會相當重視婦女持節侍孝，「餓死事小，失節事大」，婦女被要求永遠對自己丈夫守貞節。宋代以至明清，特別重視節孝，家族中出了節婦孝子，是全家族的光榮。因此，很多家譜在首卷皆立節孝一章。傳統道德標準深入人心，歷朝亦有立例旌表，以示勸勵。考核方式，以婦女之德行良窳為標準，分貞、孝、節、烈四種名目。

清代婦女之孝義忠節者，得詳報請旌，朝廷定有例式，以備照辦。被旌表的婦女可獲官方賜匾額，懸掛在婦人家中正廳樑上；或給銀建牌坊，牌坊多建在熱鬧大街上、受表揚者住宅前或公共場域。旌表的牌坊可用石或木料，坊上文字，有為官府所賜，亦可於准旌後家人自題。清《新安縣志》卷七〈建置略·

坊表〉載，位於香港地區的旌表牌坊，包括上水的「貞秀之門」坊，乃監生廖定為妻李氏立，以及屏山的「勁節松筠」坊，乃鄧光客為妻立，惟二坊皆已無存。

終清一代，節孝坊分為貞孝、節烈、貞烈與節孝四種。其後，官方鑒於給銀建坊金額有限，效果不彰，乃在各省府州縣設立節孝祠，《清會典》卷三十載：「凡孝義忠節者，察實以題而旌焉。京師暨各省府州縣衛，各建忠義孝第祠一，祠內立石碑；節孝祠一，祠外建大牌坊；應旌表者題名其上，身後設位祠中⋯⋯」《清會典》卷五十五〈禮部十·祠祭清吏司二〉有載：「凡節孝婦女由官府奏准旌表者，不論存歿，皆入祀其中，春秋二季享有官祭。」可見清代亦有為孝義忠節婦女設立祠堂，內置其神位或祿位，稱節孝祠，四時供奉，藉以教化人心。

這些節孝祠或牌坊背後，皆藏着許多充滿血淚的故事。這些婦女多從年輕守寡到老死，或丈夫病死後自縊殉夫，更有被人調戲憤而自盡。在古代社會中，丈夫死後，社會風俗不易接受女性再婚，而婦女守寡後，生活困苦，對上須孝順公婆，對下要扶養教育子女，在漫長人生旅途上，又要經歷許多來自社會、經濟、家庭及自己身心的壓力，實屬不易。

南頭城內的節孝祠

港深地區，前清時屬新安縣，縣屬的節孝祠，座落縣城內永盈街，即今深圳西部南頭城內九街村中山東路。祠原建於清雍正

節孝祠遺址發現的〈重修本
祠主位記〉

二年（1724），嘉慶十六年（1811）首次重修，自後多次重修，
惜今已廢圮無存。該祠原為一兩進三間土木結構建築，祠內壁上
舊有嘉慶十六年吉立牌位碑，及光緒十五年己丑（1889）之〈重
修本祠主位記〉。祠內供奉之節孝婦女神位，神位上書受表彰婦
女，通常只具姓氏，不留名，僅記載為某某人之妻，或某某人之
女，生平事跡亦未見記載。因獲許於祠內立神位不易，推測實際
上區內的貞節婦女，當不只此數。

明嘉靖烈女

清嘉慶十六年（1811）所立的牌位碑石，中載其時各烈女節
婦所嫁往的地區，及其夫君姓名，此對研究其時鄉間族姓發展，
甚有價值。現錄碑文於後，以供研究。

......

游氏，沙浦鄉游女

梁氏，沙浦鄉游家，未冠 [1]

崇禎

林氏，大平鄉葉麗明育女 [2]

吳氏，邑中圍吳元明女 [3]

明烈婦

嘉靖

袁氏，千戶袁女，嫁百戶倪 [4]

陳氏，嫁黃仁季

廖氏，嫁黃叔尋 [5]

隆慶

鄭氏，崇鎮里，嫁平山方時登

鄭氏，崇鎮里，嫁平山方時爵 [6]

貞女

何氏，嫁龍躍頭鄧仕賡 [7]

康熙節孝婦

何氏，大埔何角仲女，嫁龍躍頭鄧兆光

雍正

何氏，嫁龍躍頭鄧信侯

曾氏，嫁白崗陳

貞女

鄭氏，莘塘鄭女，許橫龍崗吳帝隆

廖氏，上水廖女，許萬屋村萬

游氏，田樓下游子儒女，許清湖廖露其[8]

黃氏

蘇氏

汪氏

乾隆

曾氏，許嶺下文偉聘

楊氏，許陳廷耀

曾氏，許樊壙振

鄧氏，許西涌鄭履剛

鄧氏，許郭下賴經斐

鄭氏，許梅林黃可成

乾隆

黃氏，許崗下文捷選

鄧氏，屏山鄧女，許新舖街陳成恪

鄭氏，許隔田黃天玉

陳氏，許曾能超

鄭氏，許鄧位育

鄧氏，許上埗鄭祥發

麥氏，許陳步鰲

曾氏，許嶺下文南碩

李氏，大鵬城李女，許水貝歐陽斅忠

節孝婦

葉氏，嫁西鄉黃夢桃

文氏，嫁鍾卓孟

麥氏，嫁錦田鄧策

李氏，嫁五通街吳國琇

葉氏，嫁陳迪祥

鄭氏，嫁文翔千

黃氏，嫁龍躍頭鄧衍其

葉氏，嫁陳必捷

鄭氏，莘埔鄉，嫁龍井藍芝伍

陳氏，嫁文和廷

關氏，嫁莘塘鄭夢瑜林氏，嫁鄭灝登

黃氏，嫁鄭之位

侯氏，嫁官涌尹采

陳氏，嫁文毓秀

尹氏，嫁林世任

鄧氏，嫁鄭經天

鄭氏，嫁葉金友

張氏，嫁平山方俊侯

姜氏，嫁塘萠鄭喬叔

乾隆

鄭氏，嫁葉有王

黃氏，嫁新田文玥

莊氏，嫁□源陳積厚

鄧氏，嫁松元下何彩文

文氏，嫁鄧恒圖

劉氏，嫁王廷彥

黃氏，嫁吳應簡

黃氏，嫁陳荷義

葉氏，嫁城內顯寧街庚傳鳳

鄧氏，嫁上水廖葉姬

劉氏，嫁王汝智

梁氏，嫁潘君儀

黃氏，嫁蔡廷拔

蔡氏，嫁陳兆熊

鄭氏，嫁龍雲現

廖氏，嫁錦田鄧遇□

鄧氏，嫁廖世炳

杜氏，嫁新田文曰孚

吳氏，南頭吳偉翰女，嫁梅林鄭儒成

鄧氏，嫁大涌吳廷偉

鄔氏，嫁白石鄭奕蕃

鄧氏，嫁侯震

鄧氏，嫁珠崗頭鄭元猷

梁氏，嫁西鄉溫起茂

何氏，嫁龍躍頭鄧允眷

曾氏，嫁陳殿選

譚氏，嫁鄧文英

廖氏，嫁鄧儒

陳氏，歸善陳步周女，嫁太平葉明禮

乾隆待旌烈節

鄭氏，城內鄭君佐女，許屯門陶格，未冠聞訃奔守，未就即終

烈婦

郭氏，楓林村郭球福女，嫁橫岡村孫留生

貞女

麥氏，菓園背麥挺生女，許水貝歐陽惠保

鄧氏，錦田鄧光祖女，許屯門陶光鼎

鄧氏，龍躍頭鄧廣新女，許屯門陶國琬

雷氏，倉前雷亞富女，許第七約鄭敬文

方氏，平山方亞樂女，許大涌吳郁光

謝氏，城內謝燦君女，許南頭張植蓮

袁氏，羅湖袁木公女，許龍躍頭鄧德芹

黃氏，沙頭黃四達女，許隔涌鄉鄭珍儒

黃氏，沙頭黃裕載女，許吉田侯金福

節孝婦

鄭氏，嫁城內陳式文

聶氏，城內聶亞保女，嫁一甲盛宇周

林氏，城西林喬顯女，嫁五通街吳祈

潘氏，懷德潘裕平女，嫁福永陳捷侯

姚氏，玄武坊姚文卓女，嫁五通街姜式望

鄭氏，大涌鄭忠舜女，嫁龍井藍光宇

陶氏，屯門陶雋女，嫁錦田鄧景福

鄧氏，厦村鄧允如女，嫁梅林黃緝偉

鄧氏，錦田鄧必魁女，嫁梅林黃學香

江氏，大埔涌江士元女，嫁錦田鄧碧峯

嘉慶十六年吉立牌位碑石 [9]

清光緒十五年己丑（1889）的〈重修本祠主位記〉碑上，只錄一百六十四名節孝烈婦姓氏及其夫姓名，並無所屬地區之記載，故難考其與港深地區的關係。

該二碑原鑴於祠內正殿壁上，惟因該祠已廢圮，只餘斷牆殘瓦，故二碑皆已移存深圳市博物館。

除上述各節烈婦女外，香港新界上水河上鄉有上水廖重山為其妻所建的招魂墓，據嘉慶《新安縣志》卷二十〈人物二‧節婦‧侯氏廖重山妻〉載：「嘉靖三十年，海盜（按：指何亞八）入寇，重山渡海，中流被擄。家聞報，姑鄧氏悽慘欲絕；氏再

三勸慰，徑往賊船，請以身為質，縱夫歸措銀為贖。賊許之；別時，私以頭髮指甲，封固交夫，囑其來贖時，須探的消息，方可下船。夫至細覘之，知侯氏已於當日投海死矣。夫望洋號哭，招魂葬於河上鄉，今相傳為招魂墓。」香港新界上水廖氏族譜七世祖廖重山條亦有是載。考廖重山為上水廖氏族人，而其妻侯氏則為河上鄉人士。招魂墓今已重修，侯氏之節烈及本區先民嘗受何亞八寇患之苦，由此可見。

又新界青龍頭村天后宮後山麓，有一貞女墓，墓主的姓氏及里居難考，因受奸人所逼，只得以一死以存其節，清同治九年（1870），官府為之立墓，並待褒旌。該墓碑上刻「皇清待旌貞女墓」。左旁文云：「同治庚午夏辰，林分尹一鶴，書以汪藩參履仁，為貞女徵詩啟，來屬淦為納壙之文。淦素不文，焉敢贅詞，然以貞女大節，又不願辭，謹將其大槩誌之。貞女姓氏不知，里居莫辨，傳聞墜奸人術，逼作青樓妓，矢志一死以全其夫，遂葬魚腹。於同治庚午六月廿二日，其靈不滅，浮屍於汲水門前，于役諸公，异於岸旁，謀葬焉。嗚呼！貞女一弱女子耳，其正氣凜然，橫行天地間，有鬚眉者，對之抱愧多矣。非巾幗中烈丈夫，焉能若是哉？茲以同治九年六月廿三日，葬貞女於白沙灣之兆，淦再拜為銘，銘曰：『光爭日月，女之烈兮；志凜霜冰，女之貞兮，既烈且貞，待褒旌兮。』」右旁刻字為：「廣東補用分府鄒印淦謹泐，委員廣東補用巡政廳林印一鶴、幫辦廣東補用藩參軍汪印履仁、坐辦汲水門洋藥釐務廣東補用分府周印書

中、幫辦廣東補用縣左堂孫印椿國、惠州府歸善縣廩生李印德儀
等同立。同治九年歲次庚午季夏吉旦。」

　　如今，守節及旌表之俗已不復存。惟從各碑所錄中，可睹港
深地區的居民，代有通婚，尤以與龍躍頭、錦田的鄧氏，及與大
埔何氏、屯門陶氏為最。惜嘉慶以後的情況難考，且於道光年
間，香港地區轉為英屬，居民漸受西方風俗所薰陶，因致守節旌
表之俗，至今已不被重視。

【註釋】

1　嘉慶《新安縣志》卷二十〈人物二‧烈女傳‧游梁二氏〉載：「游梁二氏，
　　俱歸德沙浦人也。梁為游姓養媳，年少尚未合巹；其小姑游氏，許字徐
　　姓，亦未及笄。嘉靖壬辰，海寇許折桂掠茅洲，二氏被擄，曳至水濱，脅
　　登舟，欲犯之，拒罵不絕口。賊怒曰：『從則生，不然，膏我刃矣。』二氏
　　曰：『吾守正而死，猶生也。』遂被害。後覓得二屍，面色如生，葬之石鼓
　　墩；鄉人題曰『雙烈』。知縣孫學古有詩哀之。」
2　嘉慶《新安縣志》卷二十〈人物二‧烈女傳‧林氏〉載：「林氏，大平鄉葉
　　麗明之育女也。崇正（按：即「禎」）庚辰，山寇流動，縛其主繫旗下，將
　　殺之；氏奔投營哀泣，願以身代主，竟得釋，而以節死。聞者嘉其義，重
　　其烈云。」
3　嘉慶《新安縣志》卷二十〈人物二‧烈女傳‧吳氏〉載：「吳氏，邑中圍吳
　　元明女，崇正（按：即「禎」）八年，劉香入寇，氏隨母避亂南山之麓，
　　為賊所擄，欲污之，氏忿持石擊傷其鼻，賊怒，遂刃之。聞者咸喜其節烈
　　焉。」
4　嘉慶《新安縣志》卷二十〈人物二‧烈女傳‧袁氏〉載：「袁氏，東莞所千
　　戶之女，適本所百戶倪，六月，倪率兵遠戍，歿於邊。矢志守節，以死自
　　誓。聞於當道，給米五石以供養贍。及卒，葬邑之鸚鵡嶺。」

5　嘉慶《新安縣志》卷二十〈人物二‧烈女傳‧陳氏〉載:「陳氏,黃客埠教授利仁妻。廖氏,仁季弟叔彝妻也。嘉靖元年,惠賊入境剽掠;二氏俱被繫,奮罵不屈,曳之不行,賊怒,皆磔之。聞者莫不哀惜。」

6　嘉慶《新安縣志》卷二十〈人物二‧烈女傳‧二鄭氏〉載:「二鄭氏,南頭崇鎮里人,一適平山方時登,一適方時爵。隆慶四年,流賊剽掠;二婦俱被執,年皆二十二,賊犯之,二婦罵曰:『賊奴,寧死汝刃,不汝從也。』曳之行,嚴益厲,俱殺之。聞者墮淚,一時人士爭以詩歌哀挽。萬曆□年,縣行學詳入憲,區其門曰『雙節』云。」

7　嘉慶《新安縣志》卷二十〈人物二‧烈女傳‧何氏〉載:「何氏,龍躍頭鄧仕慶之妻,年十八歸慶,甫匝歲而慶殂矣。柏舟自誓,姑憐其少也,屢以家貧為解,氏志愈厲,傭織以養,翁姑賴之。後,翁姑繼亡,代慶送死無憾,年五十而卒。」

8　嘉慶《新安縣志》卷二十〈人物二‧烈女傳‧游氏〉載:「游氏,田樓下游子儒季女也,許聘清湖廖露其為室。年十七,未適而夫殂。氏聞,即縞素奔夫家守喪,父母力阻不從。氏至廖門,先拜姑嫜,隨仆靈幕,哀痛慘怛。事姑十餘年,孝養備至,居常不膏休,以紡織為事。人憐其少,微諷他適,氏志益堅。姑歿,葬祭盡禮。其清操勁節,鄉里莫不稱道焉。」

9　碑上所載之烈女、烈婦、貞女、節孝婦及待旌烈節,除三數名外,嘉慶《新安縣志》卷二十〈人物二‧烈女傳〉皆有記載,其事跡之較詳者,已於前文另注,餘者從略。

報德祠

　　南頭古城報德祠位於南山區南頭古城內、九街村中山東路、舊縣署前聚秀街，始建於明代中葉，惟創建年份難考，只可知曾於清乾隆四十二年（1777）及同治十年（1871）兩次重修。據嘉慶《新安縣志》載：「報德祠，在縣治前聚秀街中，祀天后，凡知縣有功於民者，其祿位牌悉祀於此。乾隆四十二年重修。」該祠為當年縣衙署的一部分，為縣署官員及城中民眾重要活動場所。

　　該祠初建時，主祀廣東提刑按察使兼巡海道汪鋐、廣東提刑按察司副使劉穩、首任新安縣知縣吳大訓等「有功於民」者，其後亦紀念清康熙年間廣東巡撫王來任與兩廣總督周有德，惟當未有「祀天后」，清乾隆四十二年（1777）重修後，始有「奉祀天后聖母」。蓋清康熙十九年（1680）始「敕封護國庇民妙靈昭應

報德祠門額

弘仁普濟天上聖母」，康熙二十三年（1684）才「敕封護國庇民
妙靈昭應仁慈天后」。

又據嘉慶《新安縣志》載：「（報德祠）凡知縣有功於民者，
其祿位牌悉祀於此。」祠內清同治重修碑中載：「（按：報德祠）
泊官斯土，凡有功於民者，列東西兩室立碑位配享焉。」惜左右
兩廡所祀知縣姓名，則至今已難考究。

民國改元後，城內居民亦有前往拜祀天后，祈求子女，故俗
稱「生仔廟」。如今，祠內神位、香案等物，已盪然無存。二十
世紀末，該祠曾為市場，買賣農產。後重修，2018 年改作文化
展覽館。

該建築為三開間兩進兩廊廡的土木建築，面闊 9.45 米，進
深 18.9 米。作懸山頂，屋脊兩端泥塑雲龍紋，檐板刻花鳥草

木。內分前殿、後殿及左右廊廡等。祠內右廊廡壁上，鐫有古碑兩幅，其一為清同治十年（1871）的重修報德祠石碑，另一為光緒三年（1877）的曉諭碑。現錄二碑原文於後。

清同治十年（1871）的重修報德祠石碑，上有文云：

> 報德祠奉祀天后聖母，洎官斯土，凡有功於民者，列東西兩室，立牌位配享焉。邑人士春秋俎豆，虔祝勿替。嚮以兵燹，頹塌數載，越辛未，伊公明府蒞臨，甫下車，延眾紳，以修廟告，且捐鶴俸，為士民倡。爰就城內六街，勸助貲鳩工，閱夏秋而功成，並置右客廳一間。謹將簽題官紳士庶姓名列左，勒石垂諸永久，異日厚加設祭，崇報馨香，尤重望於來者。

> （捐者芳名從略）
> 同治十年歲次辛未重修立石。

考伊公，名紹鑒，福建汀州人，舉人，清同治九年（1870）任新安知縣。城內六街，據嘉慶《新安縣志》卷七〈城池‧街道〉載：「縣署前大街：東門直至西門（按：康熙《新安縣志》則稱「縣前街」）。牌樓正街：在城內（按：康熙《新安縣志》無載）。顯寧街：在城東北（按：康熙《新安縣志》謂在「縣左」）。聚秀街：在縣署左（按：康熙《新安縣志》謂在「學右」）。永盈街：在

縣署右（按：康熙《新安縣志》同）。和陽街：在城東南學署側（按：康熙《新安縣志》謂在「東門」）。此六街建自清初，清末猶仍之。民國改元後，合城外南門西之迎恩街、城西之五通街，及南門外之寺前街，稱九街村。如今，各街已另改新名。

另一塊碑為清光緒三年（1877）的曉諭碑，該碑內容本與報德祠無關，惟該祠為其時城內居民常往祭祀活動之所，而其時提督水師軍門與地方官吏因感該區走私漏稅情況嚴重，因刻碑立石，示諭新安及東莞商民、舖戶、各鄉渡艇人等，務須安分守法販運貿易。該碑對研究清末期間寶安的社會經濟情況，甚有價值。

清光緒三年（1877）的曉諭碑，上有文云：

> 提督水師軍門翟[1]，為出示曉諭事。照得昨據東莞、新安兩邑紳士廖榮等，及虎門太平墟眾舖戶，齊名來轅具稟一件，稟勿藉公營私，疊號擾累，乞恩移咨海關[2]，飭分內地，准予照舊販運，以蘇民困事等情。並繳內地鄉村輿圖一張前來。本軍門當查：太平墟相距虎門寨城[3]，僅及二里之遙，附近莞、安兩邑，煙戶村鄉雖多，沿海而居，然皆係屬內地；該墟貨物，均由省、佛而來，各渡船運貨，經在省、佛納稅，輸釐掛號，始得入境，運至回墟，復赴鎮口關銷號[4]，然後零發賣；所有新安、東莞內地鄉艇，販運回鄉，以資日用，向無復號重徵。據稟：鎮口關藉端擾累，需索捐

留，以致各渡船停擺，月餘不開，有礙兵民日用，係屬實情，本軍門蒞任十載，如查有走私漏稅之端，無不嚴飭緝拿解辦，迭迭有案可稽，斷不任其走漏，致礙稅徵。惟是內地界限宜分，兵民日用尤要，即經據情咨請粵海關部院查照辦理，並懸示部，俟咨覆到日，另行飭導在案。茲於本年正月二十三日接准粵海關部院咨覆，內開查該口各渡船進出貨物，不赴關報稅，請示嚴禁。茲閱文內紳士所稱，該口藉二，於進經關口報銷，分運各鄉之貨，復號重徵等語。如果屬實，該口殊屬矇混，可惡已極，似此膽大妄為，究屬何人主見，除嚴飭該口迅即查開姓名，據實稟覆，以憑核辦，毋得私隱於咎。嗣後並不准於已經關口報銷分運各鄉之貨，復號重徵，以免擾累；倘再有前項情弊，一經告發，定即嚴辦不貸外，咨覆查照等因，到本軍門，准此，合就出示，諭該商民舖戶、各鄉及艇人等知悉，嗣後務須遵照，安分守法，販運貿易可也，毋違，特諭。

光緒三年三月日抄白。

報德祠內主祀的天后

報德祠內主祀的天后即媽祖，相傳姓林，北宋建隆元年（960）三月二十三日誕生於福建莆田湄洲海濱，亦有說誕生於與湄洲嶼僅隔一水的港里村。今湄洲島石頂村仍有「天妃故里」及

「天妃祖跡，地名上林」古代石刻。因出生至滿月不會啼哭，故取名「默」，人稱之默娘。八歲開始讀書，十歲信佛唸經，十三歲遇道士玄通，授以「玄微妙法」，十六歲時「窺井得符」，從此法術無邊，為當地巫女，以巫祝為事，能預知人禍福，好行善濟世，常在湄洲海面救助遇難船隻，治病助人，廣行善事，深受鄉民的崇敬和愛戴。年二十八，於雍熙四年（987）九月初九日，在湄洲白日飛昇成仙。後傳說其常於海上救生、濟世助人，降魔除妖，護祐朝廷使節、漕運及助戰逐敵，使其受到朝廷的重視。人們對之懷念感戴，遂於湄洲嶼立廟祭祀，稱其為「通賢靈女」。自後歷代對媽祖一再褒揚誥封，封號愈加顯赫，神格也不斷提高，從天妃、聖妃、天后，而至天上聖母。北方沿海及內陸地區，多有建廟膜拜。歷代天后封號見下：

朝代	公元	封號	因由
北宋開寶七年	974	眾號之通元靈女	窺井得符，屢顯神異。
北宋雍熙四年	987	稱通賢神女	登仙籍，民間建廟奉祀。
北宋宣和五年	1123	賜廟號順濟	
南宋紹興二十五年	1155	崇福夫人	
南宋紹興二十六年	1156	靈惠夫人	
南宋紹興二十七年	1157	加封靈惠昭應夫人	

南宋乾道三年	1167	加封靈惠昭應崇福夫人	
南宋淳熙十年	1183	加封靈惠昭應崇善福利夫人	以溫台剿寇有功
南宋紹熙元年	1190	進爵靈惠妃	以救旱大功
南宋慶元四年	1198	加封靈惠助順妃	
南宋慶元六年	1200	加封其父為積慶侯，改封靈感嘉佑侯；母王氏封顯慶夫人；兄封靈應仙官神；姊封慈惠夫人佐神。	以神妃護國庇民
南宋開禧元年	1205	加封靈惠助順顯衛妃	以淮甸退敵有功
南宋嘉定十年	1217	封靈惠助順顯應英烈妃	以救旱及助擒賊有功
南宋嘉熙三年	1239	封靈惠助順嘉應英烈妃	
南宋寶祐元年	1253	加封靈惠助順嘉應英烈協正妃	以救濟興泉饑荒
南宋寶祐三年	1255	封靈惠助順慈濟妃	
南宋寶祐四年	1256	加封靈惠助順慈濟善慶妃	以錢塘堤成
南宋開慶元年	1259	進封顯濟妃	以火焚強寇有功
南宋景定三年	1262	封靈惠顯濟嘉應善慶妃	

元至元十八年	1281	封護國明著天妃	以庇護漕運
元至元二十六年	1289	加封護國顯佑明著天妃	以佑海運
元大德三年	1299	加封護國輔聖庇民顯佑明著天妃	以庇護漕運
元延祐元年	1314	加封護國庇民廣濟明著天妃	以漕運遭風得助
元天曆二年	1329	加封護國庇民廣濟福懿明著天妃	以庇護漕運大功
明洪武三年	1370	除歷代封號	因時行海禁令
明洪武五年	1372	敕封昭孝純正孚濟感應聖妃	以神功顯靈
明永樂七年	1409	加封護國庇民妙靈昭應弘仁普濟天妃	以屢有護助大功
清康熙十九年	1680	敕封護國庇民妙靈昭應弘仁普濟天上聖母	以助提督萬正色征剿廈門
清康熙二十三年	1684	敕封護國庇民妙靈昭應仁慈天后	以助將軍侯施琅得捷澎湖
清雍正四年	1726	奏請加封天后父母，惟無從查實。	
清乾隆三年	1738	敕封護國庇民妙靈昭應弘仁普濟福佑群生天后	
清乾隆二十二年	1757	加封護國庇民妙靈昭應弘仁普濟福佑群生誠感咸孚天后	

清乾隆五十三年	1788	加封護國庇民妙靈昭應弘仁普濟福佑群生誠感咸孚顯神贊順天后	以護福州防軍征台
清嘉慶五年	1800	加封護國庇民妙靈昭應弘仁普濟福佑群生誠感咸孚顯神贊順垂慈篤祐天后	
清嘉慶六年	1801	敕封天后父為積慶公，母為積慶公夫人。	
清道光六年	1826	加封護國庇民妙靈昭應弘仁普濟福佑群生誠感咸孚顯神贊順垂慈篤祐安瀾利運天后	
清道光十九年	1839	加封護國庇民妙靈昭應弘仁普濟福佑群生誠感咸孚顯神贊順垂慈篤祐安瀾利運澤覃海宇天后	
清道光二十八年	1848	加封護國庇民妙靈昭應弘仁普濟福佑群生誠感咸孚顯神贊順垂慈篤祐安瀾利運澤覃海宇恬波宣惠天后	
清咸豐二年	1852	加封護國庇民妙靈昭應弘仁普濟福佑群生誠感咸孚顯神贊順垂慈篤祐安瀾利運澤覃海宇恬波宣惠導流衍慶天后	

清咸豐三年	1853	加封護國庇民妙靈昭應弘仁普濟福佑群生誠感咸孚顯神贊順垂慈篤祐安瀾利運澤覃海宇恬波宣惠導流衍慶靖洋錫祉天后。	
清咸豐五年	1855	加封護國庇民妙靈昭應弘仁普濟福佑群生誠感咸孚顯神贊順垂慈篤祐安瀾利運澤覃海宇恬波宣惠導流衍慶靖洋錫祉恩周德傅天后，後又再加封護國庇民妙靈昭應弘仁普濟福佑群生誠感咸孚顯神贊順垂慈篤祐安瀾利運澤覃海宇恬波宣惠導流衍慶靖洋錫祉恩周德傅衛漕保泰天后。	
清咸豐七年	1857	加封護國庇民妙靈昭應弘仁普濟福佑群生誠感咸孚顯神贊順垂慈篤祐安瀾利運澤覃海宇恬波宣惠導流衍慶靖洋錫祉恩周德傅衛漕保泰振武綏彊天后之神	

清同治十一年	1872	以封號字數過多，不足以昭鄭重，仍有詔加封嘉祐。	
自後		未有再加封贈	
二十世紀末		「文革」間曾被禁祀	

【註釋】

1　指翟國彥，湖南祈寧人，清同治七年（1868），由潮州鎮遷兩廣水師提督，在任凡十二年，至光緒六年（1880）秋病免。

2　指粵海關，清康熙二十四年（1685）開關，為一等關，兼管五十里內常關。詳見清梁廷枏《粵海關志》。

3　虎門寨城位於東莞太平鎮，清康熙二十六年（1687）建，城內水師提督署，即原虎門協副將署，後改左翼鎮。嘉慶十五年（1810），兩廣總督百齡奏請添設兩廣水師提督一員，駐虎門，移左翼鎮總兵駐陽江。詳見清陳伯陶《東莞縣志》卷十六〈建置略一‧城池寨台‧虎門砦〉及〈廨署‧水師提督署〉二條。

4　鎮口位於東莞虎門寨西北，清時設鎮口關，為粵海關轄下常關，各地渡船貨物，首在省城納稅，輸釐掛號，始得入境，繼需在鎮口關銷號，才可在內地各處販賣。

信國公文氏祠

　　信國公文氏祠，位於深圳南山區南頭城內九街村中山東路（舊稱顯寧街）15 號。始建年代不詳，現存建築為清嘉慶十二年（1807）重修，1995 年再次重修。信國公為宋末抗元民族英雄文天祥的諡號，該祠由寶安文氏七房後裔建造，用以紀念其伯祖。

寶安文氏的源流

　　寶安文氏本西漢景帝時蜀郡太守文翁之後，居四川成都。五代唐莊宗時，其祖時公，字春元，官帳前指揮使，被委出仕江西，巡視永新，樂該地山水之美，遂卜宅永新北鄉錢市，立籍在此定居。春元公葬固塘社背黃土基蒼鷹啄兔形申庚向穴，其舊居已改建為世顯祠。

　　時公生一子，名環，字仁玉。環公生二子，曰光大、光祖。

光大公字正源，生五子：長彥純、次彥本、三彥彬、四彥華、五彥芳；光祖公的世系不詳。彥純公字世基，生二子：曰卿、小山，居永新錢市里右固塘夏口。彥彬、彥華、彥芳皆居永新。五世祖卿公，隨父任成都，見永和山水秀麗，遂留居於此。卿公生一子，名蒙。蒙公生二子，長炳然、次煥然。炳然公生一子，名正中；煥然公生二子，長叔伸、次叔顯，世居永和。

八世祖正中公，徙居寶安富田，生一子，名利民。利民公生二子：曰安世、安常。安世公以曾孫天祥貴，贈太保刑國公，生二子：長時習、次時用。安常公的世系不詳。十一世祖時習公，字仲濟，文天祥丞相本生祖，誥封少傅，生三子，長行、次儀、三信；時用公字仲和，無子，胞兄時習公以次子儀過繼，南宋祥興間獲贈太傅永國公。十二世祖行公，字士德，生一子，名天佑；信公字士成，生一子，名天瑞，天瑞公堂兄璧公官廣東惠州府，公因隨之赴任，居惠州；儀公字士表，號革齋，又號竹居，贈太師惠國公，生四子：長天祥、次璧、三霆孫、四璋，霆孫早卒，故實只三兄弟。

十三世祖璧公，名天球，字宋珍，號文溪，南宋寶祐四年（1256），與胞兄文天祥公同登甲榜，景定三年（1262）任新昌知縣，歷官知廣東惠州府。天瑞公，諱輝，號東山，一號文巒，景定間隨堂兄璧公赴任惠州。祥興二年（1279），文璧為解救惠州百姓免遭殺戮，並為保存天祥之父文儀一脈，開城降元。天祥公兵敗被執，從容就義。

入元後，璧公歷任臨江路總管、廣東宣慰使司事等職，元至元十九年（1282），加贈通議大夫，秘書卿，上輕騎都尉。大德二年（1298）卒，追贈雁門郡侯，謚文惠。

文璧降元後，相傳其族及家丁與妻子家私官物，舉家潛至寶安二都六圖黃松崗鶴仔園荒圃，築室定居。堂弟文天瑞與妻冼氏，元初避戰亂，渡海遷往海南萬州，終老於斯。其墓在海南萬寧市後安鎮橋頭村火燒墩，重修於清乾隆五十二年丁未（1787），重修碑上刻「皇元文氏遷萬寧始祖墓」，其左旁小字刻：「公諱天瑞，號東山，江西吉安富田人，宋□兄少保右丞相諱天祥公，進士知惠州宣授廣西道諱璧公從弟也，隨璧公任惠守，喬遷萬寧，卜居文田，娶王氏，同葬於和尚墩之原，□□」，右旁為眾裔孫芳名（略）。海南萬寧市後安鎮曲沖村文氏宗祠內，有天瑞公殿堂。

璧公有三子，長子隆子，字中訓，隱居不仕；次子升子，過繼予絕後的兄長文天祥，任集賢直學士，謚蜀郡侯；三子京子，過繼予堂弟天瑞。京子生應麟，應麟曾任歸德坊官，後承祖訓不受元朝官職，遷至三門東清後坑隱居。應麟公生起東、起南，起東公生五子：名仁、義、禮、智、孚；起南公生三子：長垂統、次垂獻、三垂勳，其後人分遷寶安及香港新界各地。惟璧公長子隆子，生四子，其長子亦名應麟，所生亦名起東、起南。此屬巧合，抑或記錄錯誤，待考。有謂文璧長子隆子無後，或北返任官，後由京子之子應麟過繼。文應麟的孫子，成為寶安文氏七房

之祖，繼承文家在廣東寶安的族業。

香港新界泰坑文氏族譜、寶安之系各宗支源流表中載，起南公生任德、任道、任常；任德公生垂統、垂獻、垂勳。惟蜀派錢市固塘文氏泰亨始祖系譜及香港新界新田文氏族譜中載：垂統、垂獻、垂勳為起南所生。本文從後兩譜所載。

元時，元兵四處搜捕文氏後人，文氏多半隱姓埋名，少有人知道他們為文天祥同宗後裔。直到明朝，寶安文氏才公開家族的身世，族人參加科舉，興建宗祠，祭拜祖先，成為嶺南顯赫族群。

文應麟父文中訓夫婦墓，位於寶安區福永鎮福永中學後山。文中訓為寶安文氏二世祖，曾任平陽縣尹。元初動亂，由黃松崗鶴子園避居於鳳凰嶺下，創立嶺下村。該墓地面建築重修於清咸豐七年（1857）。重修碑上刻：「元顯二世祖考平陽縣尹中訓文公、妣誥夫人文母卜氏之墓。」右側有小楷書墓誌。墓葬形制為清代風格。文應麟，寶安文氏三世祖，其墓位於寶安區公明鎮樓村崖嶺東坡。墓葬形制較大，墓堂寬七米，進深九米。地面建築內用灰砂夯築，外用青磚包砌，內部結構不詳。現存地面建築為清代風格。

寶安文氏七大房

長房仁公，生孟良、寅甫。寅甫公，其後人遷今深圳寶安報美鄉開基。

二房義公，生以常、永泰、永震。以常公次子觀受徙居涌頭立業；永泰、永震公後遷今深圳寶安嶺下（鳳凰）及白石廈。

三房禮公，生孟常、永謙。孟常公為香港新界新田房的開基祖。

四房智公，生德成、德中。德成公為潭頭鄉開基祖，德中公為上（雙）頭田鄉開基祖。

五房孚公，生二子：長永常，為今深圳寶安山尾鄉開基祖；次子名字失載，為今深圳寶安山門鄉開基祖。

六房垂統公，生蔭、萃。蔭公子襲子，由石𡎜遷居今香港新界太坑，為香港新界泰坑開基祖；萃公遷崗下（廈），為崗下鄉開基祖。

七房垂獻房，居今東莞長安涌頭。

深圳嶺下（鳳凰）村文氏的發展

據考古學家判斷，五六千年前的新石器晚期至三四千年前的青銅器時代，嶺下（鳳凰）村一帶已有先民繁衍生息。唐代中晚期，該地已形成小村落，兩宋時期，已約有五小村落，時稱嶺下村。

南宋德祐元年（1275），元軍南下，文天祥兵敗被俘，文氏族人潰散，潛逃至寶安沿海荒蕪地帶。文天祥胞弟文璧攜族人先居松崗西部靠近沿海的鶴仔園，文天祥孫輩文應麟於元大德年間，攜二子及部分族人遷至嶺下定居，開村立業，繁衍後代。經

數代艱辛經營，形成鳳凰古村雛形。

康熙《新安縣志》載，應麟為何右丞相（真）部將，在鳳凰岩下，建望煙台登眺，賑家無爨煙者。應麟又於大茅山（鳳凰山）「鳳凰棲息過之岩石」（鳳凰岩）上，建鳳凰岩古廟，嶺下村也改稱鳳凰村。

明朝以前，流落該地的文氏過着隱姓埋名的生活，元朝滅亡後，才敢公開身份，到清代方開宗祭祀。清嘉慶年間，在南頭城建信國公文氏祠，並在文氏各村建立宗祠。

鳳凰村，原稱嶺下村，位於深圳市寶安區福永街鳳凰山腳下，村內仍存六十九座明清民居、五座私塾書室、十二座公祠、十二口古井、十二棵古樹、六條主巷道及三十五條次巷道，具有重要的歷史文化價值。

文氏大宗祠

村內的文氏大宗祠於 2003 年被寶安區人民政府列為區級文物保護單位。該祠為三開間三進深佈局，面闊 13.7 米，進深三十米，佔地面積四百一十五平方米，磚木結構，磚牆下部為紅條石疊砌，木樑上有雕飾，整體風格簡潔樸實。前堂大門兩側設有塾台，門上石匾刻有「文氏大宗祠」，門下有高大門枕石，門內有一扇屏風。前後出檐廊，檐板皆有花卉人物瑞獸圖案，廊樑架的結點上雕有動物、人物、花草的駝墩、斗拱及圓斗狀瓜柱。天井兩側設亭台式廊坊。中堂為硬山屋頂，琉璃瓦剪邊，鑊耳式

山牆。中堂後部有兩道加牆，為文氏族人祭祀祈福及議事之處，中堂後牆兩側各有一門通後堂。為紀念及歌頌其先祖文天祥的忠義，深圳文氏家族每年皆於祠內舉行隆重的祭祀儀式。

鳳凰塔

福永的鳳凰塔，位於福永鳳凰岩嶺下村口，其建築年代今已難考，惟觀其形制及結構，則疑為清嘉道間所建。

該塔呈六角形，六層，高約二十米，各層皆疊澀出檐，無平塔座。塔基及第一層下半段為麻石砌成，檐為五層菱角牙子及七平層疊成。塔內每層有樓板和木梯。

第一層正面開方形門，門額陽刻橫書「鳳閣朝陽」；第二層正面有券門，門額橫刻「開文運」，門聯云：「地近丹山從鳳翥，天明黃道任龍翔」；第三層正面亦開券門，橫額「經緯樓」，左右聯云：「鳳雲蟠五嶺，金壁聯三台」；第四層正面開方形窗，石額直書「獨佔」；第五層亦開方形窗，石額「直上」；第六層正面開圓窗，石額「倚漢」，各層的第二面及第六面開有長形小窗，用以透光。塔頂為六注攢尖頂，塔剎已毀。今存塔剎為 1991 年重修時所加。

據云，該塔乃福永鳳凰村一帶的文姓族人所建，俗稱風水塔或文塔。其建造目的，為勉勵族人「開文運」及發揚先輩業績。1984 年 9 月，深圳市人民政府公佈為市級文物保護單位。

香港新界泰亨（坑）房文氏的發展

泰亨鄉舊名蔡坑，又名叉坑，亦稱太坑，位於新界大埔北部，林村谷與上水粉嶺平原之間。據故老傳云：該地原為蔡姓族人所有，後文氏入遷，並將蔡氏逐走。

泰亨文氏為天瑞系七大房的第六房垂統公之後，其開基祖蔭公，於明朝初年入遷今新界地區，初居屏山，後遷大埔陶子峴（碗窰）村，以造碗為生。再遷泮涌建立文家莊，改業養鴨務農。明代時，碗窰村多文、謝二姓，以燒窰為業。清初遷海，二姓他遷；復界後，二姓無復遷回，後為客族馬氏所佔，今仍之。文氏以該處地狹，不敷應用，遂再遷今泰亨居泰亨鄉祠堂村。後因族裔繁衍，遂擴建青磚圍（中心圍）及灰沙圍。

泰亨文氏自蔭公開基，至今已二十八傳，分三大房，居民約一千餘，分居鄉內祠堂村、中心圍及灰沙圍三村，其他村落還有坳仔村及新圍。祠堂村創建自明代，今有屋五十餘間。青磚圍又名中心圍，約建於清初，由平整巨石及青磚砌成，現存房屋八十餘間。灰沙圍建於清朝中葉，圍牆及炮樓由灰沙及青磚建成，今有屋九十餘間。兩圍的圍牆及護河仍在。

香港新界新田房文氏的發展

新田文氏為廣東文氏七大房的第七房，其開基祖世歌公為文氏入粵祖天瑞公的七世孫，於明永樂年間，因避軍役，遂自後坑東渚行至蘇嘉驛，轉逃遁於屯門老虎坑，其後徙居新田鄉開基。

文世歌墓位於屯門黃茅嶺菠蘿山（今名壽星山）「蝦公地」，於1954年時重修。

自世歌公開基，至今五百餘年，凡二十八傳，人口數千，族人主要集中在新田區的三圍六村，即仁壽圍、東鎮圍、石湖圍；永平村、安龍村、蕃田村、新龍村、青龍村、洲頭村，亦有部分族人分遷區內的米埔村、壆圍、欖口及大嶼山沙螺灣等地。文氏亦為創建太和市（今大埔墟）宗族之一。

文世歌次子文佛保的第六子文廷士，乃文氏第九世祖，於清中葉遷居元朗東北、上水與米埔之間、落馬洲之東、新田洲頭之地，建村立業。

文氏宗親會（新界）正氣堂

1976年，香港新界文氏創立文氏宗親會（新界）正氣堂，秉承團結文氏鄉親、愛國愛鄉的優良傳統，不僅與世界各地的文氏宗親保持緊密聯繫，還經常組織宗親開展聯誼活動。宗親會執行會長、寶利來集團總裁文沛榮同時擔任粵港文氏宗親會會長、深圳市政協委員、市僑聯常委等職務，聯繫深港兩地文氏。

南頭城內信國公文氏祠

南頭城內信國公文氏祠，又稱文文山祠，位於深圳南山區南頭城內九街村中山東路（舊稱顯寧街）15號。始建年代不詳，現存建築為清嘉慶十二年（1807）重修，其後清嘉慶二十一年

（1816）知縣李維榆再重修，至 1995 年又再次重修。信國公為宋末抗元民族英雄文天祥的諡號，該祠由寶安文氏七房後裔建造，用以紀念其伯祖信國公文天祥。

該祠為三開間三進佈局，由大門、過廳、堂屋等三部分組成，面闊 11.5 米，進深 34.5 米，面積佔地四百平方米。四周為清水磚牆，木構樑架、駝峰、斗栱等構件均有雕刻。尖山式硬山，轆筒灰瓦面。船形正脊，兩端獸頭狀，脊身灰塑騰龍、花卉、醒獅、蝙蝠等圖案。門額石匾刻「信國公文氏祠」，落款為「嘉慶丁卯（按：即嘉慶十二年，1807）桂月重修」。該祠至今保存良好，惟祠內舊有文物今已難睹，該祠於 1949-1953 年間曾為九街小學及幼兒院，後被空置。1984 年 9 月，深圳市人民政府公佈為市級文物保護單位。

如今，一進大門便看到天井及前廳，內置關於信國公文天祥事跡的資料。正廳擺放文天祥雕塑，上懸「浩然正氣」牌匾。兩邊偏廳前各有一屏風，分別寫着「忠」和「孝」。堂內保留原祠堂部分珍貴文物：如明〈宋文丞相傳〉石碑、清〈重修碑記〉石碑及〈宋文丞相國公像〉刻石等。堂內有文天祥「生平事跡展覽」，簡介其青少年時期、入仕後十五年間、起兵抗元、九死一生、再舉戰旗、兵敗被俘、楚囚就義之英雄事跡。室內屏風正面為毛澤東手書的「人生自古誰無死，留取丹心照汗青」題字，背面為文天祥的〈正氣歌〉全文。後院尚存一株棗樹，向南歪斜的樹身，象徵文天祥「臣心一片磁針石，不指南方誓不休」的精神。

信國公文氏祠內

信國公文氏祠門額

該祠主祀的文天祥，名雲孫，號浮休道人，1236年6月6日生於吉州廬陵富川（今江西省吉安縣）。南宋寶祐四年（1256）中選吉州貢士，殿試中被宋理宗欽點為狀元，御賜表字宋瑞，後換以天祥為名，改字履善。後因住過文山，而號文山。德祐二年（1276）官至右丞相，宋端宗景炎初，拜為左丞相兼樞密使，都督諸路軍馬抗元。祥興元年（1278）官拜少保，封信國公，故稱文少保，又稱文信公，或文信國。是年冬，文天祥於五坡嶺（廣東海豐北）兵敗被俘，寧死不降，被元軍俘至大都（今北京），囚禁於兵馬司土牢達四年。忽必烈親往勸降，惟文天祥寧死不屈，在獄中寫下千古不朽的〈正氣歌〉，凜然正氣，表現民族氣節。元至元十九年十二月初九（1282年1月9日），在柴市從容就義。天祥的親子皆先後歿於沙場，其一脈並無留後。文天祥與陸秀夫、張世傑並稱「宋末三傑」，又與謝枋得、袁繼咸並稱「江右三山」。明景泰七年（1456），諡忠烈。著有《文山詩集》、《指南錄》、《指南後錄》、《正氣歌》等。

該祠名信國公文氏祠，蓋文天祥於南宋祥興元年（1278）官拜少保，封信國公，故祠亦稱信國公文氏祠。由寶安文氏七房後裔集資，於新安（後寶安）縣城內建造，用以紀念其伯祖之忠烈，並供文氏七房後裔前往縣城經商辦事時作休憩之地。

該祠所紀念者為文氏七房伯祖，其非各房直屬祖系，想為名宦、鄉賢祠類。明洪武二年（1369），明太祖朱元璋下詔各地附祭鄉賢名臣，即出身當地的有名官員，於是，從明初開始，很多

地方皆創建名宦祠。清順治初年，通令各直省府州縣，設立名宦祠與鄉賢祠。信國公文氏祠之建於新安縣城內，想亦為秉承此意，兼用以凝聚七房的團結精神。至各房各家，於各自村內有其宗祠、房祠及家祠。此等祠堂，除用來供奉及祭祀祖先，還是族長行使族權的地方，凡族人違反族規，即在此被教育及受處分，該地亦可作為家族的社交場所。有的且附設學校，供族人子弟上學。

　　會館，又稱公所，源於中國明清的工商組織，為都市中由同鄉或同業組成的工商組織團體。會館的建立，初僅為同省、同府、同縣或同業之人，在京城、省城或國內外大商埠設立，目的是提供同鄉聯誼、文娛、借宿或寄寓之用，後來發展為聯合同行商人的功能，成為民間對商業行為的一種管理機制。

　　會館始設於明代前期，最早的會館為建於永樂年間的北京蕪湖會館。明清時期，大量工商業會館出現，明嘉靖、萬曆時期，會館甚為興盛，清代中期最多，清代後期出現一些超地域的行業組織，大多以同業公會的面目出現。在一定條件下，對於保護工商業者自身的利益，起了某些作用。但會館與鄉土觀念及封建勢力的結合，也阻礙到商品交換的擴大及社會經濟的發展。

　　會館及公所產生的原因，有以下數點：一、謀求官方的保

東莞會館（1987 年攝）

東莞會館內〈重建公所〉碑

護；二、維護行業信譽及產品質量；三、應付日益增多的同業事務；四、對付西方經濟勢力，並與之展開競爭。

會館的種類

試館

大多數會館主要為同鄉官僚、縉紳及科舉士子居停聚會之所，故又稱試館。明清兩朝施行科舉制度，每三年進行一次鄉考，至清光緒三十年（1904），科舉考試廢止。鄉考舉行之時，各村學子紛紛到縣應考，因路途遙遠，人地生疏，租住客店及一些日常生活小事上，間或受一些店家欺凌，一些商賈出於同鄉友情，遂相互邀請，籌措資金，購置房產，為學子及經商或旅居者提供住宿，試館由此而產生。

行館

明清兩朝，北京為全國政治、文化及經濟中心，一些成功的生意人士，開始在京設立會館，因所開辦的會館受到行業壟斷的制約，故這類會館又稱行館。一般會館除提供同鄉聯誼、文娛、借宿或寄寓之用外，亦有興建學堂及舉辦慈善事業。此類會館，於各大市鎮都有設立。

商人會館

營商的會館另稱商人會館。商人會館明代已有，清代大量出

現，約以康熙、雍正、乾隆、嘉慶四朝為盛，道光以後在上海、佛山尚有發展，但已為公所取代。商人會館多以省、府、州縣命名，但亦有以行業命名。其職能為「聯鄉情於異地，敘桑梓之樂」，其次為「答神庥」，再則為「義舉」，如設義塚、助喪、助藥等，因而可概括為「進神庥，聯嘉會，襄義舉，篤鄉情」。

同鄉或同業者在各城市設立地域性會館及公所，主要以館址的房舍供同鄉、同業聚會或寄寓，大的會館還有戲樓，後來演變為東亞地區一些特定組織的名稱，在東南亞又稱公司。如廣東會館、教師會館。行業性的會館（公所），則為工商同業組織，大多有行規，對入行條件、商品價格、使用的度量衡、招收學徒、同業救助等，都有相應的規定。因此，稱之為「行會」。

南頭古城內東莞會館

東莞會館，又稱寶安公所，位於南山區南頭古城內中山南路，為清代東莞商人於新安縣城（南頭城）內設立的商人會館，建於清同治七年（1868）。其時，自東莞來新安貿易者日眾，為使商賈往來得所依歸，以達「解讐忿以重身命，自誣告以安善良」的目的，東莞縣屬監生王禮邦等遂發起建造會館，並立碑誌其事。該縣正堂亦泐石曉諭，以隆其事。清光緒三十三年（1907）重修該會館。該會館為當年於南頭城及鄰近地區做生意的東莞籍商人商量生意、協商價格的聚會場所。

該會館為一三開間二進佈局建築，面闊十一米，進深 24.5

米，面積 269.5 平方米。門前石額橫書「東莞會館」，右旁正書小字「同治戊辰（按：即同治七年，1868）孟冬」，左旁小字則已不能考。現前殿僅存一開間，方磚鋪地，轆筒灰瓦頂，博古式正脊，檐板有雕刻，檐口有壁畫。後殿仍為三開間，面闊十一米，進深 9.04 米。館內仍存同治七年建館碑記及光緒三十三年（1907）重修會所碑記。

清同治七年（1868）建館碑記，碑額「寶安公所樂助芳名」，文云：

> 古者立市以通商，即防奸而禦暴，故墟有甲，甲有長；地有堡，堡有正，其法至良且備也。後世沿襲，遂通其制，城市有會館，館有鄉先生，此其選歟。蓮城一鎮，民居稠密，商戶雲連，固已蒙業而安戚，剡樂土矣。無如古道之遙，世風日下。城狐社鼠，不無奸宄之徒；射影含沙，足為善良之累。□思食此，肆行鯨吞，甚至訟師捏虛成實，衙役借徑生波，屈辱公庭，委身法網，誠可憫也。我等生居莞邑，客寄他鄉。萍水相逢，無殊兄弟；天涯雖隔，□□比鄰。正宜相維相恤，憂樂同心；一德一心，守望相助矣。竊惟我朝御極以來，俯念輿情，特垂聖諭，一則曰解忿忿以重身命，再則曰息誣告以安善良。我等生逢隆盛，治仰休明，鄉井士農，詎無心於保聚；市廛工賈，均有意於合成。爰集同人，興□公所，上則解紛排難，魯仲連雅善調劑；下則扶

正仰邪，劉子翼何嫌戇直。當門有莠，除來勿害嘉禾；礙道多榛，剪去自成坦履。特以土木大興，工□不小，非有需乎捐助，又何藉以落成。凡我莞人，共襄美舉，宜慷慨以輸助，還踴躍以圖功。擇日旁求，並工交作，從此東壁西廊，因時締造；上棟下樑，不日觀成。將見遊四達之衢，輶軒有採；入五都之市，司□無庸。此唐虞之盛，成周之隆所由。行其野而乩民俗之澆，觀於鄉而知王道之易也。茲□立法之初，聊弁數言於首。是為序。金門朱倫秀拜題。

同治七年歲次戊辰冬吉日

首事裕記、恒記、恒益店、華合店、允記店、

裕隆店、永益店、王灼華、王佐君、聯泰店等立

補用同知直隸州署新安縣正堂加十級紀錄十次李，出示曉諭事。現據東莞縣屬監生王禮邦、王佐君、民人韓焯勳、王文通、譚經邦、譚沛業、陳懿德、鍾恩爵、胡允昇、林澤芳、東盛店、聯泰店、允記店、□□店、泰德店聯詞呈稱，切生等籍隸東莞，來治屬貿易經年，茲公同義舉，量力捐貲，買受城內正街林挺蕃舊舖，卜吉拆卸，改建寶安公所，並稱舖深長高闊，悉仍舊址，於前後左右鄰居，並無干礙，叩請給示曉諭，俾商賈往來得所依歸等情。據此：除批示外，合行給示曉諭。為此示諭，□公所等，即便遵照改建，

所有深長高闊，務當循照舊址，不得侵佔，亦不准任意加高，有礙鄰居。如有匪徒藉端擾，許該公所司事，指名聯稟本縣，以憑拘究，各宜稟遵，毋違，特示。

重修公所芳名臚列
值事芳名目列
南頭埠：恒德號、義合號、永信號、昆昌號、胡鑒輝、
　　　　楊炯生
深圳埠：新怡發、新洪發、裕隆號、新萬隆
黃松崗埠：長盛號、張繼宗
福永埠：潘裔培、怡和堂
雲林埠：有興號
西鄉：陳日彰號

（其下有西鄉埠、太平埠、沙井埠、省城埠、鹽田埠、新橋埠、元朗埠、香港埠、橫瀝埠、豐和壚等地店名及捐資數目，從略。）

各埠合共捐銀五百九十二大員足，再支碑石連字，並整後地台，合共化銀三十一員。

（後附官弁芳名，及南頭埠、深圳埠、西鄉埠、元蓢、廈村

埠、沙頭等地店戶及捐者芳名，從略。）

捐者芳名後有小字一行，文云：「公議：興建本堂工程不小，非有樂助，何以落成，當下如有不遵樂助者，永遠不准後入。」

重建公所各項支化數開列：

一　支泥水工匠全盆工料銀四百八十大元

一　支庚金日章緣部神帳酬神共銀一十三元九毫七仙

一　往各處題收建款化用銀一十三元五毫五仙

一　支上樑各物寶燭豬肉雞共銀六元六毫二仙

一　台欖共銀一十四元正

一　入伙豬隻酒席、雜貨、燈籠共銀三十四元四毫四仙

一　昌隆廣發來大紅金箔銀六元四毫

合共支銀五百六十八元九毫八仙

　　　　　　光緒三十三年歲次丙午冬月吉旦重建

該館曾於清光緒三十三年（1907）重修，並於其內立石以紀其事。碑額書大字「重建公所芳名臚列」，碑文云：

　　嘗考周禮司市一職，所以平物價，止爭訟者也。自後世

市官不設，而市肆於以多端，或恃強凌弱者有之，或逞智欺愚者有之，苟無合群之方，以相捍衛，將使服賈之輩，奚自安全。況作客遠方，同鄉無幾，他族每滋逼處，則吾圍宜固藩籬，此寶安公所之所由立也。第念人惟求舊器，器尚圖新，本無久而不壞之基，當有敝而改為之理。仰瞻燕廈，既經剝蝕於風霜；企保鴻規，應復塗施其黝堊。假令逡巡，姑待補葺無期。將恐棟折榱崩，府敗更難收拾；垣頹瓦裂，經營愈耗資財。是宜未雨綢繆，勿為臨渴而掘井矣。然無如九仞之山，非一簣之功也；千金之裘，非一狐之腋也。故溯落成於夙昔，實資捐助於同人。誠以獨力難持，眾擎易舉，所望財輕□□，誼重桑榆。協力同心，一洗塵封之舊制；加工潤色，聿新堂構之宏模。將見金碧交輝，已極外觀之美；且便歲時聚會，並臻團體之休。又何慮事紛莫解，啟我蝸爭；孤立無援，受人魚肉哉！是為序。

東官邑庠生子仁氏羅鶴壽拜撰
（值事及捐者芳名從略）
光緒三十三年歲次丙午冬月吉日重修

如今該會館及兩旁店舖皆已改作民居，清同治及光緒二碑仍鑴館內壁上，可供研究。

南頭與香港的連繫

從會館內重修碑中所見，香港地區的「元朗埠、香港埠、元蓢、厦村埠」等地的商賈，亦有參與該會館之重修。此外，志籍中有載，元朗地區人士於往返南頭經商間，曾受寇擾。

明隆慶年間，海盜林鳳聚眾寇擾廣、惠沿海之地。香港新界地區亦受其害。嘉慶《新安縣志》卷十九〈人物志・鄉賢〉載：「鄧師孟，隆慶時，父被海寇林鳳掠去。孟謀之外父，曰：『吾家故貧，難贖，願以身代父』，詞氣懇摯，聲淚俱下。寇留之，因釋其父。將別囑曰：『諸弟堪事，勿以兒為念』，乃沉海而死。邑令邱體乾修志紀其事，邑令王廷 始詳允入祀鄉賢，族人在大莆墟立祠以祀之。」

據香港新界龍躍頭鄉古老相傳：鄧師孟非大埔或龍躍頭鄉鄧氏族子，乃家僕之隨姓者，與主人同赴對岸南頭經商，期間主人為賊所擄，僕捨身易主出險，終且自戕，主感其義，遂認為義子，並囑後世子孫，為之建祠立祀，尊為孝子鄉賢，永享千秋。今龍躍頭松嶺鄧公祠內右殿，仍奉其木主。

孝子祠之所在，嘉慶《新安縣志》卷七〈建置略・壇廟〉謂：「鄧孝子祠，在邑五都大步墟側，祀明孝子鄧思孟，明萬曆乙未年（按：即萬曆二十三年，1595）建，今圮。」大莆墟即今大埔舊墟，鄧思孟即鄧師孟，而鄧孝子祠舊位於今大埔墟天后宮背後，今則已為大廈所代。

嘉慶《新安縣志》卷十九〈人物志・孝行〉又載：「鄧孔麟，

字國瑞，孝友力田。其父公佐，萬曆庚午年（按：萬曆一朝無庚午年，想為隆慶四年庚午之誤，即萬曆元年前三年，1570年），為海寇林鳳擄去。麟奔投賊船，願以身代，賊釋其父，留麟在船，至海豐港，麟窺賊懈，遂浮木抵岸逃歸，鄉人皆稱之，以為此天祐孝子也。上其事於邑，邑令邱體乾給區，旌其孝生；聞於院道，亦皆給米帛優恤之。後麟歿，各院猶給賞麟子孫，旌其門。」

鄧師孟與鄧孔麟的事跡相似，人初疑其為同一人物，然師孟以身贖父，後即死於海上，孔麟則能乘機逃歸；師孟死後得入祀孝子祠，而孔麟歿後則只子孫被賞，並旌其門。除此，據清戇官《新安縣志》卷五〈職官志・文官表・知縣〉所載：邱禮乾於明萬曆十五年（1587）及十六年（1588）間知新安縣，其時去隆慶四年（1570）僅十八年，如師孟、孔麟為同一人物，決無不能發覺而分別為二之理。以此可知當日林鳳在本區寇擾之甚。

香港長洲的東莞及新安（寶安）商貿會館

東莞及新安（寶安）兩地位於廣東省南部，珠江口東岸，東江下游的珠江三角洲，自古已為沿海重邑，在地理上東接廣州，西挨惠州，珠江河順流而下，距離香港地區不遠。

明清間，自南頭有渡船往返大嶼山北岸白芒村，名白芒渡，繼經白芒、試劍石、牛牯塱、大蠔、銀礦瀑布、銀礦洞，抵梅窩，再轉渡船，可抵長洲。亦可從白芒村沿岸西行，抵東涌，再

西行，經礑頭、沙螺灣、礬石灣、深屈等地，至大澳。此等古道
至今仍存，今稱東梅古道及東澳古道。

東梅古道：以東涌港鐵站為起點，途經白芒、試劍石、牛牯
塱、大蠔、銀礦瀑布、銀礦洞，終點為梅窩。

東澳古道：又名東大古道，以東涌為起點，路經礑頭、沙螺
灣、礬石灣、深屈等地，至大澳為終點。

長洲黃維則堂

早於明代，新安（寶安）黃氏已在香港長洲島上經商，置地
立業，成立黃維則堂。長洲島上的黃姓族群原籍福建蒲田，南
宋時由閩入粵定居，明代遷入長洲島，於清初展界後，人口繁
衍。然而長洲地處偏僻，朝廷鞭長莫及，難於治理，因此清乾隆
年間，廣東布政司向當地黃姓大戶發出《承墾長洲田莆執照》，
將長洲中部土地歸屬寶安南頭黃氏代為管理，凡居民持有該區地
契，每年所徵收的地稅，均由黃維則堂代收，當中一半稅收須上
繳朝廷；土地買賣按揭，需經政府註冊及得黃維則堂同意。東
粵寶安縣南頭黃氏族譜卷上長洲輿圖，圖頂書「長洲週圍山田
魚埗俱是黃管」，可見長洲及其鄰近地域和海埗等地，皆為該族
所有。該譜乃同治十三年（1874）鐫。該族八世祖黃精公，號慶
祥，明初進士，生六子，分為六房，居長洲者，乃長房及三房之
後，至今已二十七世。

1898年英人租借新界後，長洲轉歸英治，翌年（1899），港

督卜力（Henry Blake）頒佈通告，呼籲新界及離島土地業主申報業權。1905年，政府以集體官契形式，正式登記註冊黃維則堂為長洲九成私人土地業主，該堂則以每五年一租約形式，批出土地予公眾人士，亦代政府收取長洲地稅上繳。

集體官契基本上是指一張官契包括多個地段，通常因為新界宗族組織年代久遠，在同一地區累積大量土地業權，因此政府便以一張地契涵蓋有關地段，以方便管理。

至1995年7月，政府立法通過，以《集體官契（長洲）條例》，令長洲土地自動回歸政府管理，終止黃維則堂在長洲代政府收取長洲地稅。根據該法例，所有黃維則堂在立法前批出的分租契而在田土廳已登記者，其分租契承租人將自動成為政府土地承租人，不論其是否已與黃維則堂續租。黃維則堂與香港政府的關係正式告一段落。根據現時田土廳資料，黃維則堂仍然為擁有最多長洲土地的業主。

長洲的東莞及寶安會館

據嘉慶《新安縣志》記載：「長洲在急水門外，大奚山南，長十餘里，商賈多聚集於此……（按：乾隆年間）添設鹽田、沙漁涌、長洲各子埠，查緝走私，以裕課餉。」「銷鹽子埠」為海鹽集散地。島上北社天后古廟門外有一銅爐，上鑄「天后宮，乾隆□年……長洲墟……」字樣，惜剝落甚劇，其鑄造年份已看不清。

清道光二十一年（1841）後，為增強防禦，遂於島上設長洲

汛，由右哨頭司把總一員，率額外外委一員及防兵四十五名駐守，屬大鵬協水師右營東涌守備轄管。同治年間長洲商業興旺，粵海關於同治九年（1870）設立關廠，徵取釐稅。至光緒二十四年（1898），英人租借新界及各離島，自是，長洲遂歸英人管理。

十九世紀中葉，島上最少已有二百間店舖營業，可見當時長洲商貿發展之蓬勃。商貿旺盛，吸引更多不同鄉籍人士陸續前來聚居：黃氏於島上創設黃維則堂及黃俊英堂，羅氏創豫章草廬，朱氏則設朱氏家塾。同鄉居民以其原籍，成立會所，處理鄉民間的糾紛。

長洲最早出現的同鄉會為東官（莞）會所，及後寶安會所、惠潮會所（府）等族群組織，相繼成立。時島上東莞人及寶安人佔據島上最平坦的位置，興隆街及大新街為最繁榮的地方，客家及鶴佬則遷至較偏遠的位置。各會所皆擁有產業及義塚，並代解決同鄉間的糾紛事宜。英屬後，島上居民另組街坊會，處理島上居民事宜，各街坊會的首長，由當地商賈出任。

在這百多年歲月中，能建立起同鄉會所而可傳承者，實為不容易的事情。此等會所的宗旨，多為聯誼桑梓，在社區發揮同鄉互助精神。各同鄉會在每歲多會舉辦燈酌、敬老宴會或旅行聯誼等活動。

長洲東官（莞）會所

明末清初期間，不少東莞商人到長洲發展。為發揮同鄉互助

精神，於清嘉慶五年（1800）成立寶安書室；同治五年（1866），同邑鄉親創立「東官會所」，位於島上興隆街 67 號和 100-101 號，以及大新後街 202-208 號，並營建義塚墓園及公祠，以追遠慎宗，每歲春秋時節，例必祭祀。其時著名的東莞客商蔡良，曾於 1872 年在島上發起築建棲流所，對貧苦洲民贈醫施藥。

為免與寶安會所混淆，1923 年始改名東莞會所。該會所興辦學堂，以宏教育。二戰後，應港府視學官尹耀聲倡議，東官會所與惠潮會所（府）及寶安會所合辦學校，相繼於東灣海濱建新校舍，是為現時的國民學校。

東莞會所於 1968 年重建為一幢兩層高樓宇，內設輔成堂，以紀念同鄉先賢捐獻之功，並於 1975 年註冊為「長洲東莞會所有限公司」，每歲聯誼鄉親的活動甚多，在島上甚得邑人支持。長洲東莞會所建立至今已有一百五十多年，見證長洲歷史變遷，是香港區內歷史最悠久社團之一。

長洲寶安會所

長洲位處新安縣南部海上，孤懸海角，清時，朝廷鞭長莫及。十九世紀初，清廷雖殲滅廣東沿海盜賊，然餘黨仍經常騷擾華南海域安寧。由於長洲居賈行商，四方雲集，自不免招引盜賊覬覦。至十九世紀中葉時期，長洲海域盜賊充斥，清廷為加強海防，曾委派衙司駐守長洲。

清乾隆二十五年（1760），長洲寶安黃氏與其同鄉，同創寶安會所，位於今大新街99號。咸豐初年，長洲附近海域寇盜充斥，劫掠時有發生，非防範自保，不足以安定民心。鄉紳遂向清廷稟請，為謀日後長治久安，應內外勸捐，並集得數百金，倡建局址，修建成「鎮安社」，蓋有鎮定一方、又安四海之義，藉以充實防務及聯絡鄉誼，地方賴以安靖。同治二年（1863），獲准設立「外長洲鎮安社防禦公局」，督率勇壯團練，以保長洲水陸平安。局址位於現時大新街99號，離碼頭不遠的海傍街。公局建成後，於局內嵌立〈倡建外長洲鎮安社防禦公局〉碑。公局曾於同治九年（1870）重修，並於局內立有〈重修鎮安公局碑記〉。1969年重建長洲寶安會所，該碑亦重新嵌於會所二樓壁上。今仍存，可供研究。〈倡建外長洲鎮安社防禦公局〉碑文云：

　　嘗思為山基乎積簣，眾志可以成城。我等外長洲祖業相承，于茲數百年。凡夫耕山釣水，居賈行商，四方雲集，稱為樂土矣。時值咸豐初年，寇盜充斥，人心震動。使非防禦有方，何以安人心而絕外侮乎？是以在洲紳士，時則有若廩生黃銓卿、生員黃榮東、監生葉錫鈞、職員黃顯光、舖戶鈞利店、贊興店、德利店、全利店等，稟請鄔明府出示曉諭。舖戶居民人等，督率勇壯團練，首尾相應。無事則為國家良民，有事則為公侯干城，地方賴以安靖。於是生員黃榮東、職員黃顯光、監生葉錫鈞等，爰集同人，共擎眾力，因在

外長洲建設團練公局，加意防禦。越數年後重修。黃朝安、黃炳南、陳廣安、黃國楨、魏顯龍、杜超一、吳善階、黃登庸等，內外勸捐，大加增修。乃經營大半載，動費數百金，而社始成，因名之曰鎮安社。蓋有取乎鎮定一方、又安四海之意焉。惟是樂輸鵝眼，先積錙銖，然後克創鴻規，聿留久遠。既貞梨而壽棗，更刻石而勒碑。所望同德同心，使臂使指。從此黃農俗古，人敦渾噩之風；赤子情深，世享清晏之福矣。是為序。

邑增生黃廷贊拜題

（捐者芳名從略）

同治二年建立

值事：監生黃國楨、生員黃榮東、職員黃顯光、耆老杜超一、監生葉錫鈞、耆老陳廣安、吳進華、黃建元、黃德全等全立

重修值事：監生黃國楨、軍功黃美貴、監生葉錫鈞、生員黃榮東、廩生黃銓卿、職監黃朝安、職員黃顯光、職員黃炳南、職員吳占魁、關榮祥、葉良松、耆老黃發勝、耆老陳廣安、貢生黃積元、耆老杜超一、耆老吳善階、監生黃登庸、耆老黃勝有、陳國輝、林穩金、永昌店、鈞和店、紹記店、寶隆店、贊興店、黃德全、錫汝齊等全立

同治九年歲次庚午孟春月穀旦吉立

公元一九六七年歲次丁未孟秋吉旦擴建會所委員會重飾

　　民國初年，新安縣易名寶安縣，1920 年鎮安公局易名寶安公局，後正名為「寶安會所」。早期的寶安會所，為一所金字頂的村屋，1967 年於現址重建，並正名為「長洲寶安會所」。1969 年，寶安公所進行重建，惟〈重修鎮安公局碑記〉仍存二樓牆壁上，可供研究。

　　寶安會所的宗旨是團結鄉誼、倡導教育、關注社會公益等，至今已有一百五十餘年歷史，對長洲社區的貢獻良多。每年會所都會舉辦聯誼旅行，元宵節時會舉辦花燈聯歡等活動，使鄉親友好歡聚一堂。

長洲的其他同鄉會

　　長洲的同鄉會除寶安及東莞外，還有惠潮、中山、四邑、五邑、順德、陽江等。

長洲坪洲中山同鄉會

　　中山位處珠江河口，地理上河網遍佈，為著名魚米之鄉。從水路由中山來往澳門與香港甚為方便，故長洲有不少同鄉邑人聚居。中山同鄉會籌組於 1947 年，1948 年創立「僑港中山同鄉會」，1971 年註冊為「長洲坪洲中山同鄉會」，從此會務日隆，

福利推展更見順利。

長洲四邑同鄉會

四邑是指恩平、開平、新會及台山四個縣市，地理上皆位處華南沿海地帶；明清時期漁民經常往珠江口一帶捕魚，故不少長洲水陸居民的籍貫都為四邑。清末四邑人多到外國發展，有僑鄉之稱。

長洲四邑同鄉會名四邑益善堂，位於今長洲大街 36 號，宗旨主要為互相幫助及聯誼鄉親，其會所修建於清光緒二十三年（1897），頂額刻「益善堂」。其時四邑益善堂亦修築同邑義塚，以安置無依邑人屍骨，每歲例必春秋二祭。

五邑同鄉會創建於二戰後，除恩平、開平、新會及台山外，另加鶴山。即江門地區以南五個邑市的同鄉皆可加入，戰後曾在島上建有五邑英文書院。現時活動包括秋季旅行、中秋賞燈、春秋二祭、燈酒會等。

惠海陸同鄉會

惠海陸即惠州人及海陸豐人（海陸豐即汕尾，以前隸屬惠州府）的統稱，亦被稱為鶴佬。過去海陸豐人與惠州客家人同住島上北社街及新興街一帶，街上現今仍有惠海陸同鄉會、廣東汕尾市同鄉總會及長洲惠潮府等組織，而新興後街的朱氏家祠和義祠亦屬於鶴佬人。島上有鶴佬巷，源於宋末徐氏家族。該族原籍海

豐縣，五房人口約三十多人，為避亂而逃至長洲現時的鶴佬巷地。惠州及潮州人氏創立惠潮公所，位於今新興街94號。

過去島上太平清醮值理會的總理，只許惠潮府人士出任。2003年起，其他籍貫的長洲居民也可參加遴選。儘管如此，長洲太平清醮仍顯惠潮風俗特色，負責法事的喃嘸先生由汕尾聘請而來，以鶴佬方言進行，飄色巡遊中亦可見到潮州大鑼鼓及海陸豐的麒麟表演。神功戲除粵劇外，還聘請內地海豐戲班演出白字戲。

長洲潮州同鄉會

潮州人為較後遷入長洲的居民，與鶴佬同屬閩南語系，故聚居結成社團。1969年潮州會館建成，館內建祠宇名「崇先堂」，供鄉人祀奉先人神主，以發揚慎終追遠的美德。

昔日元宵燈會，潮人皆聯同長洲街坊及各邑社團慶祝上元，競投花燈，尤見踴躍，投得者視為禎祥，閭里同歡，蔚為盛事。每年太平清醮，潮州人循例主辦搶包山。而會景巡遊，潮洲人亦踴躍參加，不但有男子鑼鼓隊，近年更成立女子隊，陣容鼎盛，為會景的一大特色。每年天后誕，潮州人依例前往西灣薦香，共沐神恩；還炮日期，定在舊曆三月十七日，是慶祝西灣天后誕的前一天。

附錄：香港地區的東莞會館

香港東莞工商總會

清光緒十九年癸巳（1893）秋，由周少歧、施鵲臣、何子貞等發起，籌組東義堂，其宗旨為聯絡鄉誼、辦理公益、建築義冢、瘞先友遺骸、歲時祭掃、運送先友骨殖回里，歸正首丘，以及辦義學、培育失學貧童等。1931 年改名為香港東莞工商總會，繼而購置會所，創辦學校，推展各項會務活動。該會目前有春祭、敬老、參與香港公益金等項慈善活動及社區各種福利項目，實為一個服務桑梓、貢獻社會的社團。該會會址位於香港中環皇后大道中 184-192 號恒隆大廈 15 樓。

香港東莞同鄉總會

香港東莞同鄉總會由僑居香港、祖籍中國廣東省東莞市的人士，創立於 1946 年，為香港具影響力的同鄉會之一。永遠會長為周錫年爵士，現任主席為王賜豪醫生，會長為王惠祺，該會現時共有二十三個分會及成員會，其中包括元朗分會、上水分會、大埔分會、沙田分會、粉嶺分會、屯門分會、新田古洞分會、觀塘分會、荃灣分會、沙田東莞青年體育會、新界東莞青年體育會、香港東莞石排同鄉會、香港東莞茶山同鄉會、東莞王氏宗親會、東莞石龍校友會等。該會會址位於香港九龍砵蘭街 368-370A 耀中大廈 4 樓。

天主教育嬰堂

南頭古城天主教育嬰堂位於中山南街盡頭，南頭九街南頭小學旁，現址為興明北街 31 號，康熙《新安縣志》中所記載的和陽街即現在的興明街，顯寧街則為現在的朝陽街，兩條縱街相鄰，南頭街道建國後名稱與門牌編制曾有變化，可推測《廣東宗教簡史》中提到的這座位於朝陽北街

育嬰堂的鐘樓及十字架

210 號的聖彌額爾堂，即現在興明北街 31 號育嬰堂原址。

該育嬰堂原為意大利傳教士興辦的天主教育嬰堂，建於 1913 年，自天主教眾撤離後，育嬰堂曾被民國政府、寶安縣政

府、九街小學等使用。1985 年歸還天主教愛國會後至今仍作為深圳市南山區唯一的天主教堂，每日接納信眾彌撒。1984 年 9 月，深圳市人民政府公佈為市級文物保護單位，2003 年公佈為省級文物保護單位。

育嬰堂設置的原由

清代，廣東、福建、浙江、山西等省的棄養嬰孩現象頗為普遍，清光緒《大清會典事例》及地方志乘中多有記載：貧苦百姓有因無力撫養子女，而被迫棄養嬰孩；富裕之家卻又出現因為財產繼承及分割問題，而棄養嬰孩的現象；有因殘疾、患病新生嬰兒自身健康狀況問題，而被棄養。此外，在傳統自給自足的小農經濟佔據主導的農業社會中，男性繼承人意味着可以從事農業生產的勞動力、可以繼承家族財富的血脈相承、可以祭祀祖先及贍養父母的希望及依靠，遂產生重男輕女的思想，女嬰棄養問題變得非常普遍。同時厚嫁風氣的出現，女性不但不能承擔家族責任，還會給家庭帶來沉重的經濟負擔，因而催生了棄養女嬰的現象。為收留此等棄養嬰孩，遂有育嬰堂的設立。

此等育嬰堂為專門收留棄嬰的機構，一般由地方官員或紳士捐款倡辦，或設立育嬰田，成立慈善基金，並由地方紳士組成紳董會進行管理，而地方官府則發揮行政監督的作用。至西方基督教傳入後，也有教會創辦育嬰堂。

意大利米蘭傳教會神父到南頭城傳教的歷史

《天主教香港教區大事記》載，1860-1861 年香港監牧區的範圍擴大至包括差不多整個新安縣。1840 年第一次鴉片戰爭後，隸屬中國新安縣的香港島、九龍半島及新界通過三個條約（分別為 1842 年《南京條約》、1860 年《北京條約》及 1898 年《展拓香港界址專條》），相繼被割讓或租借給英國。香港從政治上與新安縣劃境分治，但在教務上兩地並未分開。

宗座外方傳教會（P. I. M. E.）的前身分別為米蘭「郎巴地外方傳教修院」（又稱米蘭會）及「羅馬宗座外方傳教修院」。1850 年，拉馬索諦主教（A. Ramazzotti）及北意大利郎巴地省所有的主教，在教宗庇護九世的鼓勵下，於米蘭建立「郎巴地外方傳教修院」，方便當地教區神父或教友接受訓練，向外教人傳福音。該會成立不久，首批傳教士便於 1858 年來港，其會士跟方濟會士及中國聖職人員合作，最初服務海外天主教團體，如商船上的船員、葡萄牙團體及英軍等。

1874 年，阿凡詩尼蒙席（P. Avanzini）在教宗庇護九世要求下，於羅馬建立「羅馬宗座外方傳教修院」。1926 年，教宗庇護十一世把上述兩個抱有同一宗旨的團體聯合，成為「宗座外方傳教會」。

宗座外方傳教會首批傳教士於 1858 年抵達香港，1888 年傳教會建立（香港）聖母無原罪主教座堂，開辦本地修院，1931 年開辦華南總修院。1872 年創立聖若瑟堂；1879 年在般咸道創

立聖心堂（1892 年由聖安多尼堂替代）；1905 年創立玫瑰堂；1925 年創立聖瑪加利大堂；1932 年創立聖德肋撒堂；1937 年創立聖方濟各堂，此堂於 1956 年重建。1950-1960 年代，傳教會在市區建設更多聖堂及小堂。

　　1860 年間，米蘭宗座外方傳教會開始從香港島派遣神父到新安縣南頭城及中國內地的鄉村，傳播福音。意大利汀神父、朱神父先後於 1868 年及 1870 年在南頭傳教，並在當地興建教堂及孤兒院等。

南頭城育嬰堂的前身

　　《深圳全紀錄》有載：「南頭城是當年傳教士的起點地，最開始的是 1860 年意大利米蘭傳教會神父到南頭城來傳教。1868 年汀神父在南頭城建了一間教堂和一間孤兒院。到了 1873 年，深圳已有十五間教堂和六百多教友。1913 年南頭城的意大利天主教會的嘉諾撒女修會所創辦了一間獨立的育嬰堂。」這證明在南頭城育嬰堂創辦之前，南頭城確實存有一間天主教堂和一間孤兒院，但並沒有提到 1868 年所建的教堂及孤兒院，與今日南頭城育嬰堂的關係。

　　嘉諾撒女修會源於意大利，為聖瑪大肋納嘉諾撒（Magdalen of Canossa）於 1808 年在意大利創立的天主教女修會。1860 年 4 月 12 日，穆神父（Joseph Burghignoli）引領六位先鋒嘉諾撒仁愛女修會修女抵港傳教，她們分別為 Cupis Lucia, Compagnotti

Claudia, Stella Maria, Tronconi Rachele, Giuseppina Testera 及 Giovanna Scotti，並在香港建立香港嘉諾撒仁愛修會（Canossian Daughters of Charity），自此成為海外傳教第一站。該會的總會設於羅馬。1847 年，該修會到澳門傳教。該會早年為貧民提供教育、醫療及孤兒院等服務，現在則以辦學為主。

1860 年抵港後，穆神父擔任駐守香港英軍神師（Spiritual father），並到荃灣及大埔碗窰傳教，之後一度隨英軍前往天津。返港後，穆神父繼續服務碗窰，至 1867 年轉到主教座堂（威靈頓街舊址）。1868 年，香港宗座監牧高神父（Giovanni Timoleone Raimondi）任命穆神父為副監牧。當香港宗座監牧區晉升代牧區時，他獲傳信部委任為總務長。同時他亦擔任副代牧及嘉諾撒修女的神師。

1870 年代，該會在香港獲得堅道的土地，並於 1907 年建成「痛苦聖母小堂」教堂，亦稱嘉諾撒仁愛女修會教堂，又名聖心教堂（Sacred Heart Chapel），為香港一所歷史悠久的教堂，曾於 1937 年及 1980 年擴建。該教堂被列為香港一級歷史建築。

雷雨田等《廣東宗教簡史》中載：「（按：聖彌額爾堂）位於深圳市南山區南頭城朝陽北街 210 號，始建於清同治九年（1870），為意大利神父所建，到同治十三年（1874）已發展為原新安縣傳教中心，並開辦有一間孤兒院。光緒十一年（1885）前後，因中法戰爭而暫時關閉；光緒十七年（1891）前後重新開放……光緒三十一年（1905），嘉諾撒女修會將原孤兒院擴辦為

育嬰堂，專門收養今屬寶安、龍崗、東莞、惠陽寺地的棄嬰、病殘兒童，因此該教堂被稱為育嬰堂。第一次世界大戰期間（?），教堂和育嬰堂部曾遭到損壞，民國二年（1913）由香港教區出資修復。」

據此，可見今南頭城育嬰堂的前身，為南頭城內清同治十三年（1874）開辦的孤兒院。1898年，因英國與清廷訂約，租借新界，新安縣從此被劃分，逐漸以南頭為傳教中心。光緒三十一年（1905），南頭孤兒院擴辦為育嬰堂，位置在今南頭城育嬰堂。十九世紀末，戰亂期間遭到損壞。1913年，育嬰堂為「香港教區出資修復」（重建），而非初次修建。

南頭聖彌額爾教堂及孤兒院的建設

《深圳全紀錄》載：1868年汀神父在南頭城建教堂及孤兒院。《廣東宗教簡史》載：清同治九年（1870），意大利神父建聖彌額爾教堂。同治十三年（1874），發展為原新安縣傳教中心，並開辦一間孤兒院，惟未見提及建設者名稱。1868年及1870年所建的兩所教堂及孤兒院是否同屬一建設，則尚待考究。

查閱香港天主教各大教會來華傳教士檔案，並未發現「汀神父」其人。檔案中有名為和主教（神父）（Luigi Piazzoli）者，1845年生於意大利碧嘉木（Bergamo），1868年於米蘭晉鐸，屬米蘭外方傳教會，1869年底抵香港傳教，翌年（1870）於香港西貢地區傳教，1875-1877年間任大陸地區主管，1892年被委

任為香港副宗座代牧，1895 年 1 月被委任為香港第二任宗座代牧，同年 5 月祝聖為領銜主教，1895-1904 年間出任香港主教。從他的傳教履歷中可以看到，他在 1869-1873 年間曾到南頭傳教。1904 年返回意大利，同年底在意大利逝世。

據曾為奧地利駐巴黎及羅馬大使許納男爵（Hubner）所撰《環遊世界》（*Promenade Autour du Monde*，1874 年在巴黎出版）中記載，1870 年和神父曾陪同男爵訪問新安縣，男爵寫道：「來自貝加蒙之年輕傳教士和神父，負責該縣之傳教工作。」這一時期，與和神父同在新安縣傳教者，還有梁子馨神父（Andrew Leong）及朱神父（Stephen Chu），他們可能曾參與清同治九年（1870）南頭聖彌額爾教堂及孤兒院的建設。

南頭聖彌額爾堂的歷史

在今深圳市範圍內，香港教區、男女修會曾設近百堂口或活動點，例如寶安黃麻布（耶穌君王堂，自 1938 年）、南山北麻嵌村（主之母堂，自 1910 年）、龍華鎮南白石龍（聖彌額爾堂，自 1868 年傳入，1929 年建堂）、石岩鎮水田村（善導之母堂）、龍崗區坪地鎮的葵涌鎮土洋（玫瑰堂，自 1926 年）、湯坑（聖母無染原罪堂，1926 年建堂）、四方埔堂（自 1925 年）。

聖彌額爾堂的主保為聖彌額爾（St. Michael），為《聖經》中一位天使長，其名本身意義為「誰似天主」。根據《聖經》記載，彌額爾奮力維護天主的統治權，對抗天主的仇敵。

香港跑馬地天主教墳場內的聖彌額爾墳場小堂

1848 年香港天主教墳場初位於灣仔聖佛蘭士街，1868 年，政府發展灣仔，墳場正式遷到跑馬地近黃泥涌道西側現址，與回教墳場及香港墳場為鄰。1916 年改建，1954-1965 年屬跑馬地聖瑪加利大堂司鐸統理，現由天主教香港教區管理。

墳場築有八呎高的圍牆，大門門樓建於 1848 年，至 1977 年因道路工程，門樓搬到現時的中央位置。大閘門外刻有對聯：「今夕吾軀歸故土，他朝君體也相同。」有謂該對聯為 1910 年代末期，由一名神父所題，以「點化」跑馬地馬場大火的亡靈。惟夏其龍神父則認為，該聯乃從查理曼的老師所寫的拉丁文詩句「Quod nunc es fueram, famosus in orbe, viator, et quod nunc ego sum, tuque futurus eris.」（旅人，你與我當年一般，而你終有一天也會成我這模樣）翻譯成，意思為人無法逃離死亡的現實，告誡生者要珍惜生命，放下對短促生命的執着。

墓園內充滿宗教氣氛，象徵感慨生命無常的斷柱、歐洲教堂常見的骷髏骨佈置雕像、十字架、聖人、天使、半裸石像隨處可見，充滿藝術氣息，與一般墳場較深沉的感覺迥異。

墳場內有聖彌額爾墳場小堂（St. Michael's Cemetery Chapel），初建於 1868 年，後於 1916 年改建，屬意大利文藝復興建築風格，小堂與門樓於 2009 年一同被列為二級古蹟。

南頭城育嬰堂的歷史

清光緒十一年（1885）前後，因中法戰爭，聖彌額爾教堂及孤兒院暫時關閉，光緒十七年（1891）前後重新開放，光緒三十一年（1905），嘉諾撒女修會將原孤兒院擴辦為育嬰堂，即今育嬰堂的前身。其時在該地傳教者，為 1897-1908 年間於南頭城傳教的米蘭外方傳教會的嘉樂神父（Giuseppe Carabelli）。民初戰亂期間，育嬰堂遭到損壞，1913 年，育嬰堂為「香港教區出資修復」（重建）。

嘉樂神父，聖名若瑟，1874 年出生於意大利北部的瓦雷澤（Varese）。1895 年入修道院當見習修士，1896 晉鐸，1897 前往香港，後轉往南頭，1897-1908 年間在寶安南頭等處傳教。1909-1931 年間，曾先後任職於香港西營盤聖類斯學校、聖安多尼堂及聖母無原罪修院，1932-1936 年間任職天主教總堂，1936 年因病入灣仔醫院療治，延至 6 月辭世，遺體葬於黃泥涌天主教墳場。

嘉諾撒女修會在南頭城的活動較為頻繁，從孤兒院的創立至後來育嬰堂的開辦，皆與其有密切關係。1949 年中國政權轉變後，1952 年中國政府中斷了與梵蒂岡的所有官方關係，並將所有外國傳教士驅逐出境。從 1949-1952 年，香港教區逐漸放棄及停止派神父和修女照顧香港以外的寶安、惠陽、海豐等地的教友，1952 年最後一批香港教區神父從大陸返回香港，從此香港教區與內地的教務聯繫徹底中斷，南頭育嬰堂遂被空置。1953

年，寶安縣城遷往深圳，在寶安縣政府批准後，九街小學自文家祠遷入育嬰堂內。1985年，學校搬出育嬰堂，育嬰堂歸還深圳市基督教會，今仍作為深圳市南山區唯一的天主教堂。

南頭古城天主教育嬰堂的建築風格

南頭為西方天主教最早在深圳傳教的地方，南頭育嬰堂不同於香港教區或廣州教區的教會建築，它是一座獨立的小型育嬰機構，由香港教區宗座傳會（原米蘭傳教會）與嘉諾撒仁愛女修會資助重建，風格更世俗化。它糅合巴洛克、古典主義與殖民外廊式風格的元素，同時又存有自身的創新點。

育嬰堂現仍保持原狀，只禮拜堂等建築被改作教室。該建築約佔地一千五百平方米，磚砌圍牆。主體建築為一棟磚木結構兩層高的「凹」字形小樓，正面及兩翼皆為三開間，高兩層，坡屋頂，巴洛克風格與殖民地風格立面，「凹」字內圈為走廊。有一大門及一小門，現小門已堵塞。

大門呈長方形，頂上兩邊有三條豎線花紋，兩側各一根圓柱。圓柱間有一拱門，頂呈三角形，其上有十字架標誌。三角形上可清晰地看到刻有「1913」字樣。牆體經多次粉刷，但仍保持原有飾面的風格。

大門內為一條尖頂羅馬式長拱廊，長廊兩側為庭院。兩邊庭院各有一棵十多米高的棕櫚樹，據說為建教堂時所種，至今仍枝葉繁茂。長廊盡頭處為教堂，樓正門頂有十字架標誌，周圍飾以

花紋，兩旁有壁龕的柱子，柱頭呈尖狀。走進一樓正門，抬頭可見一塊大理石，上刻數行文字，為拉丁文及中文（白話），意為「招入育嬰堂之小孩，當給予優惠待遇」。教學樓的樓梯以硬雜木製成，欄杆雕有花紋。二層有過廊，西廂房為禮拜堂，可容百餘人；東廂房為教徒住宿及工作的地方。

南頭城內的街道

　　南頭古城呈不規則的長方形，枕山面海，四周原有壕溝圍繞，城垣範圍東西最長為六百八十米，南北最寬為五百米。其中，縱橫的道路網與自然地勢完美結合。

　　古城內曾有縣前街（東門直至西門）、顯寧街（在縣東北）、永盈街（在縣署右）、聚秀街（在縣署左，學宮之右）、和陽街（在城東南學署側）、迎恩街、五通街、牌樓（正）街及新街。因有共九條街道，故鄉民俗稱南頭古城為「九街」。現存街道為中山東街、西街、南街、朝陽街、興明街、春景街、梧桐街、文化街，共八條街。

　　舊日城內街道建有市井門樓，其中保護得較完好的聚秀街門樓，為一開間，花崗石大門，面闊 3.7 米，進深四米，大門寬 2.1 米，磚牆、瓦頂、上塑飛脊、壽字瓦當。門樓內牆有粉紅石

南頭城內街道（1987 年攝）

南頭城內街道閘門（2023 年攝）

的神龕。門樓額匾原有街名，惜「文革」時被封蓋。門樓內西牆豎立清乾隆元年（1736）〈嚴禁四惡〉碑。碑文把盜賊、賭博、打架、娼妓定為「四惡」。該碑因年代久遠，文字頗有剝落，碑文云：

　　上諭，朕聞奸宄不鋤，不可以安善良；風俗不正，不可以興教化。閭閻之大惡有四：一曰盜賊，三代聖王所不待，誓而誅者也；二曰賭博，干犯功令，貽害父兄，以視周官之罷民，未麗于法，而繫諸嘉石，收之賊子者，罪有甚；其三曰打架，即周公所謂亂民，孟子所謂賊民也；四曰娼妓，則自周以前，人類中未嘗有此。四惡者，剝人之財，戕人之命，傷人之肢體，破人之家，敗人之德，為善之害，莫大于此。

　　是以我皇考愛民之深，憂民之切，申盜宄禁，戒飭守土之官，法在必行，日夜捕緝，積歲月之久，然後少響馬，及老□賊，而商旅以寧。賭博及造賭具者，漸次改業，□□以安。聚黨打架者斂跡，而城市鄉鎮鮮鬥鬨。娼妓遠藏，不敢淹留於客店。此皇考十有三年政教精神所貫注，而海內臣民顯見其功效，實享□□□□也。

　　朕自嗣位以來，□免租賦，蠲除貽累，裁革積弊，增廣赦條，無非惠保沐民，使得從容休息，衣食滋□□□諸臣，悮謂朕一切寬容，不事稽察，以致大小官吏，日即縱弛，民

間訛言諸禁以開，風聞直省□惡者，□□□□佗，即如天津一帶，私鹽橫行無忌，恐其他類此者，相繼而起。是守土之官，敢悖世宗憲皇帝之明，旬墮十有三年之成功，而戕賊善良，傷風敗俗也。自後，州縣官有政令廢弛，使四惡復行於境內者，該督撫不時訪察，即行嚴察。督撫同道郡守，不能董率州縣，殫心捕治，或被內外臣工，核實列示，或朕訪聞得知，必以溺職治罪，與苞苴受賄賂等，決不少貸。爾諸臣慎毋泄泄沓沓自取殃咎。戒之，特諭。

乾隆元年立石

※ 南頭城與粵東海防

CHAPTER 05

明清深港海防

　　廣東地區位處中國南部濱海，海岸線甚長，且多海灣，沿岸離島亦眾，一旦為寇盜所據，遂為沿岸居民大患。因是，政府自古於沿海地域派兵駐守，後且添置巡海船，巡衛沿岸地域，保衛居民。

明代之前廣東沿海的軍防

　　早於唐開元二十四年（736）正月，政府已於廣東沿海設置屯門鎮（軍區），以守捉使一員，率兵二千名駐守，該軍鎮隸安南都護府轄管，轄衛地域頗廣，包括今寶安縣、深圳市、香港新界，以及惠、潮等沿海地域，遠至浙江沿海永嘉等地，亦屬該軍鎮防地。該軍鎮的治所（指揮部），位於今寶安縣南頭城。

　　五代時仍設屯門鎮，以檢點一員率兵駐守。南漢期間，改置

媚川都，仍以兵二千名駐守，專責保護採珠專戶，鞏固收益。

宋時仍設軍寨，派軍士屯駐，以衞沿海地區。南宋時，廣東沿海為摧鋒水軍戍地。惟其時之防衞設施，只重守禦陸上要地，未有設置師船汛營，巡哨沿海地域。因是，沿岸海島，遂多為盜賊所據。元代仍置屯門寨，兵數及防衞地域無改。

明代廣東沿海的軍防

明初，以沿海寇患頻繁，朝廷遂命朱亮祖鎮廣東，置衞所，防要害，以備倭寇及海寇侵擾。其後陸續增建墩堡烽堠，壁壘森嚴，沿海居民得慶平安。其初，廣東沿海設置衞九、所二十九、巡檢司七十四，以及烽堠一百三十二。

明中葉以後，沿海地區承平日久，戒備漸弛；關城殘破，墩台倒塌，急需修築；加以火器（鎗炮）之普遍運用，破壞力強，舊有的城牆設施，未能有效抗禦。致倭寇、佛朗機人（葡萄牙人）及海寇等之侵擾，相繼而來，沿海居民大受其擾。其時，朝廷除依靠舊有防禦措施外，更於沿海添設水寨（水師巡哨區域）六處，增建巡海師船，派駐各水寨，以將率兵，巡防各寨所屬汛地。其時廣東沿海師船巡哨地域，劃分為三區，分稱東、中、西三路，自東面起為：

柘林寨

柘林為今潮州市饒平縣轄下一小鎮，明清時為海防要地，與

南澳對峙，且與黃岡、大埔相犄角，形勢險要。明代設柘林寨，其地一帶稱柘林澳。明代，該寨巡汛自福建玄鍾港至惠來神泉港，設指揮一員，率兵一千七百一十四名，領船五十三艘。

碣石寨

碣石鎮，古稱石橋場，位於陸豐市東南部碣石灣畔，宋代開始於其地鎮設防保疆，自此成為海防重鎮，明代設碣石寨。該寨巡汛自神泉港至巽寮村海面，設指揮一員，率兵一千一百五十四名，領船三十八艘。

南頭寨

南頭地處珠江入海口東岸，位於省深圳市南山區，為「新安故城」。明代設南頭寨，巡汛自大鵬鹿角洲至廣海三洲山，設參將一員，率兵一千四百八十六名，領船五十三艘。

北津寨

北津寨又稱北津水砦。位於今陽江市東南北津，為海防要地，明代設北津寨。該寨巡汛自三洲山至吳川赤水港，設把總一員，率兵二千二百七十七名，領船七十四艘。

白鴿寨

白鴿寨位於湛江市太平鎮通明港村，明代設白鴿寨。該寨內

汛地舊有烏兔寨，以哨官一員，領兵船十艘駐守，後裁革，汛地併入白鴿寨。白鴿寨巡汛自赤水港至雷州海安所，設把總一員，率兵一千五百二十六名，領船五十一艘。

白沙寨

在今浙江樂清市東，有白沙嶺，為水陸要害，明代設白沙寨。該寨汛地為瓊州府屬周圍海面，設把總一員，率兵一千五百二十六名，領船五十一艘。

六寨水師巡哨廣東沿海海面，汛期分春冬兩汛，春汛凡 4 月，自 3-6 月；冬汛只兩月，自 10-11 月；惟白沙寨因汛地在大海中，故無春冬二汛期。

明代海防中路的南頭寨

明嘉靖十五年（1536），以廣東南部南頭地為海防中路要地，遂設置南頭寨，以巡海備倭總兵率師船巡守。明顧炎武《天下郡國利病書‧廣東》上有關於廣東海防的記載：「海寇有三路，設巡海備倭官軍以守之，春末夏初，風迅之時，督發兵船，出海防禦。中路自東莞南頭城出佛堂門、十字門、冷水角諸海澳。」

明嘉靖四十三年（1564）罷備倭總兵，改南頭海防參將，駐紮南頭城，兼理惠潮。嘉慶《新安縣志》卷七〈建置略‧廢署〉

載：「備倭總兵署在城內東南隅，明正德五年，總兵王德化建。嘉靖四十三年罷備倭，改參將署，今廢。」可證備倭總兵署即後之參將府（署）。該參將府曾於萬曆十一年（1583）重修，且立有重修碑，該碑現存深圳博物館。

明萬曆四年（1576），總督凌雲翼議以惠潮二地已有總兵、參將等官，故南頭參將只防廣州府地，駐紮南頭寨（城）。嘉慶《新安縣志》卷七〈建置略‧廢署〉載：「參將署舊在城內東南隅總兵署舊址。萬曆二十三年，以其地改建學宮，遷於城內東北隅永盈街，即今游擊圮署。」

據嘉慶《新安縣志》卷十二〈海防略‧防海形勢〉載，明萬曆十四年（1586），「總督吳（按：指吳文華）、御史汪會題南頭為全廣門戶，控制蠻倭，請以總兵移鎮。」萬曆十八年（1590）復改參將。前書卷十一〈經政略四‧兵制‧新安營〉亦載：「新安營（按：清改南頭寨為新安營）自明設參將一員，守備一員，千總一員，把總二員；萬曆十四年，以總兵移鎮南頭，因裁參將；（按：萬曆）十八年罷移鎮，復設參將。」

該寨轄區沿海汛地，東自大鵬鹿角洲起，西至廣海三洲山止，分哨鵝公澳、東山下、官富、柳渡等處。康熙《新安縣志》卷九〈兵刑志‧南頭寨汛地〉載：「（按：明）南頭寨原轄汛地六處：曰佛堂門、曰龍船灣、曰洛格、曰大澳、曰浪淘灣、曰浪白。東至碙石界、大小星洋五百四十里，西至虎頭門一百二十里，西南至老萬山、三洲，渡五百一十里，南至大洋

不計里數，北至東莞缺口巡司四十一里。」嘉慶《新安縣志》所載相同。

該寨所轄六汛地的位置，據明鄧鍾《籌海重編》卷一〈萬里海圖〉中廣七至廣九（共三頁）輿圖，可見位於深港沿海地域者，有佛堂門、龍船灣（今糧船灣）及大澳（大嶼山北岸大澳）。洛格位於大鵬所之南，浪白則遠處香山縣（今中山）之西。惟圖中未見浪淘灣之名，故其位置則未能考。

該軍區（寨）的駐兵情形，前書同卷〈南頭寨‧寨兵〉載：「明南頭寨官兵舊額一千四百八十六員，每各汛地各派二百一十餘名，中哨一百六十八員名。萬曆十九年改設參將，陸續增至水陸官兵並雜流員役二千零八員名。天啟元年又議割去官兵六百八十員名，分屬香山寨管轄；舊大船兵止食五錢三分，兵多脫逃。崇禎八年，副總黎延慶條議，將停船造修剩餉，並已停船補舵三十四名，補足各大船目兵長，糧名月支八錢。又另議抽餉解部，並添設虎門寨、善後崖黎，共減去目兵一百三十三名。崇禎八年，又另議裁兵一百名，移充閩將兵食，又議補舵目兵及原食曠餉。今改食正餉官兵共四百零二員名，移充鎮下總巡衝鋒等料食，尚實存水陸官兵一千六百五十九員名，每月應支餉銀一千四百五十八兩四錢五分。」

寨船數目，據同書同卷〈南頭寨‧寨船〉載：「明本寨舊額戰船大小五十三艘，汛地六處，各派戰船八隻，分總領之。中哨船五艘，欽總統之。自萬曆十九年改參將，陸續增至一百一十二

隻……天啟元年，又議割去右司防倭一半兵船三十三隻，分屬香山。本寨管轄尚存大小兵船七十九隻，續將利捷小魚船十二隻，改併六艣船四隻，止存大小兵船七十一隻。崇禎二年詳議停撤舊船，併造新船。斯時存三四號大船十二隻，七號、十四艣、十二艣、六櫓，共快船二十六隻，利捷偵探魚船十隻，大小共計四十八隻，比舊額存十之四五耳。」

可見該寨於初設時，因防倭禦寇之功，故其實力較強；惟至明末，寇患起自北方，其價值遂被忽視，故駐兵及寨船數目日減，實力亦大不如前。

該寨兵船與鄰近各寨的協防情況，據明應檟《蒼梧總督軍門志》卷五〈輿圖三·六寨會哨法·南頭寨〉載：「該寨兵船住筲屯門，分二官哨，一出佛堂門，東至大鵬，停泊大星，與碙石（寨）兵船會哨，取平海所結報；一出浪白、橫琴、三竈，西至大金，與北津（寨）兵船會哨，取廣海衛結報。

前書卷十五〈水兵制〉載，該寨兵船為廣東水師的中營，旗幟上綴「廣」字，六寸大，懸黃紅綠色號帶。參將坐船，號帶四條，正統三條，哨官兩條，餘船俱只一條，其法甚嚴。

清代廣東沿海的海防水師

清代，廣東沿海的海防，歸綠營水師巡轄。綠營為清朝正規軍，由漢人編成。清兵入關後，為加強對領土有效統治，遂招降明軍，招募漢人，組織軍隊，以綠旗為標誌，以營為單位，稱

「綠營兵」，獨立於八旗軍。《清朝文獻通考》卷一百八十二稱：「八旗駐防兵由於世籍，綠旗各營兵由於召募。」

綠營完全由漢人組成，編為標、鎮、協、營及汛。士兵為世兵制，父死則子繼，由漢人統率。綠營的官階大致依明朝制度，分別為提督（省／標）、總兵（鎮）、副將（協）、參將（營）、游擊、都司、守備（地方）、千總（駐點）、把總。

清初，廣東設立水師總兵，轄鎮標三營，以及左、右兩協，每協轄下兩營，共計官兵六千餘人。康熙初年，於惠州設廣東水師提督，不久裁撤。嘉慶十五年（1810），於東莞虎門重設廣東水師提督，至清末止。

提督全稱提督總兵官，統領一省（標）綠營，受文官總督、巡撫所節制。各省兵力多寡不一，由萬餘到六七萬不等；提督之下為總兵，管一鎮綠營，兵力由千人至兩三千人不等；再下為副將，管理一協兵力，約數千人；副將以下為參將、游擊、都司、守備，所統轄者稱營，兵員數量各有不同；再下為千總與把總，負責統領一汛，也就是一個駐地，士兵由十數名到上百名不等，後更加設外委千總與外委把總，職位與千總、把總相同，但薪俸較低。

綠營兵多數為步兵，有戰兵、守兵、馬兵（騎兵）與水兵（水師）。戰兵、守兵全是步兵，裝備與待遇較八旗差，常用武器有刀、槍、矛、箭這些冷兵器，但也有如鳥鎗、虎蹲炮、抬鎗，甚至火炮等熱兵器。

清代廣東水師提督提標

廣東水師提督提標內有前、後、左、右、中五營，並指揮下列各鎮：

南澳水師鎮

下分左、右二營，左營歸福建水師提督指揮，右營歸廣東水師提督轄管。該鎮下轄澄海協左、右二營，海門營，以及達濠營。

碣石水師鎮

分左、右、中三營。該鎮下轄平海營。

北海水師

轄龍門水師協，下分左、右二營。

高州水陸兼轄鎮

轄陽江營、電白營、吳川營、硇州營、東山營。

瓊州水師鎮

分左、右二營。下轄崖州協水師右營及海口水師協（後降為營）。

除此，該提督並指揮香山協、順德協、大鵬協及赤溪協，各有左、右二營；另有廣海寨營，新會左、右二營，前山營，靖遠右營及永靖營等。

各鎮、協、營的長官皆有其治所，多為獨立的關城，其境內險要處，皆建砲台，與其治所互為犄角。清康雍年間，廣東沿海共建砲台四十一座，多位於北部鄰接福建縣沿海，蓋其時福建海患頻繁，對廣東頗有威脅。嘉慶年間，共設砲台一百二十餘座，道光以後增至一百六十餘座。

廣東水師設有戰船多種，清嘉慶年間，沿海共置繒船十八隻、艍船六十三隻、哨船三隻、米艇船三十隻、艋仔船十七隻、拖風船三十五隻、烏艍船一隻；內河共置快哨船十隻、快船十隻、槳船四十四隻、快槳船十二隻、櫓槳船一百七十八隻、櫓船四隻、戰船一隻、急跳船四十八隻、艚船四隻、艟艚船三隻、快馬船九隻。

清朝末年，廣東沿海師船共有輪船二十二隻、長龍船一隻、柁船十隻、扒船一隻、巡船十四隻；內河師船有槳船四十隻、平底槳船兩隻、快槳船七隻、兩櫓槳船十隻、櫓船一隻、兩櫓船兩隻、四櫓船兩隻、快船十四隻、快哨船兩隻、艟艚師四隻、巡船一百九十六隻、急跳船十五隻。

清代的水師，主要職責是防守海口及緝捕海盜，以六個月為一班，輪流出巡沿海地域；內河水師，則須每季輪流派出戰船，巡邏各江河。巡海時，各地總兵為統巡官；副將、參將、游擊為

總巡官;都司、守備為分巡官;千總、把總為專巡官或協巡官。
每年夏、冬二季,水師提督還需親自率船出巡,視察防地。

清代深港地區的新安營

清初,政府為加強新安縣沿海各地的軍事力量,以大鵬城及
南頭城為東西兩路重心,於香港及深圳地區,改南頭寨為新安
營,升大鵬所為大鵬所防守營。以游擊一員、守備一員、千總
一員、外委一員,率兵五百員駐守。以馬步戰守兵丁二百七十六
名,駐紮縣城(南頭城)。該營轄管地域,西至虎門寨一百里,
東至大鵬營城一百三十里,西北至東莞縣城一百二十里,南臨洋
海,東至惠州府城一百九十五里,西至省城二百八十里,西至肇
慶府城五百四十里。

清康熙元年(1662),朝廷為絕沿海居民對台灣鄭氏的支持
及接濟,遂下遷海令,香港及深圳沿海居民被迫內徙;康熙三
年(1664),因盜寇為患,為防遷民私出界外,朝廷於該處增強
防衛,以游擊一員、中軍守備一員、千總兩員、把總四員,率兵
一千員駐守,兼轄大鵬所防守營,並轄東莞防守營。據嘉慶《新
安縣志》卷八〈兵刑志〉載,其時該營設墩台八座,包括:碧頭
墩台一座,安兵三十名;茅洲墩台一座,安兵三十名;嘴頭角
墩一座,安兵三十名;鰲灣角墩一座,安兵三十名;屯門墩台一
座,設千總一員,安兵五十名;九龍墩台一座,安兵三十名;大
埔頭墩台一座,安兵三十名;麻雀嶺墩台一座,設把總一員,安

兵五十名。另外南山、聖山、大軍營、佛堂門、黃竹角五座墩台，均改作瞭望台，每台安兵十名把守。若有居民私潛出界，或有海寇登陸界內，即以烽火、號炮或燈號示警，鄰近駐軍即前往圍剿。

清康熙四年（1665），廣州左路總兵張國勳奉旨移鎮。康熙六年（1667），總兵千奮起移鎮。康熙七年（1668），罷移鎮，以大鵬營屬惠州副將管轄，新安營不再轄管大鵬、東莞二營。康熙八年（1669），政府在新安沿路各地，設置塘房共十座，每塘安兵四名，包括：阿公山塘房、栗木崗塘房、流塘塘房、龍塘塘房、平峰塘房、周家村塘房、白沙塘房、白石塘房、月崗塘房、麻雀嶺塘房。

清康熙二十一年（1682），台灣鄭氏降，清廷收復台灣，並撤海禁令。康熙二十三年（1684），因台灣鄭氏餘部中有淪為海盜者，流劫港深沿岸，朝廷遂以大鵬水師營部分兵力，巡駐香港境內的九龍、大嶼山、紅香爐及東涌口四汛。其後，且於香港沿岸建築大嶼山炮台及佛堂門炮台，皆歸大鵬水師營游擊轄管。其時，新安營的巡海水師甚弱，只設白底艍船兩隻、櫓槳船五隻、三板船兩隻、橇艇一隻，合共十隻。大鵬水師營則設外海艍船四隻、內河槳船五隻、快哨船三隻，合共十二隻，以協助巡防。

清雍正七年（1729），撥虎門協戰守兵入本營，添防營汛。其後，為防盜寇侵擾，於險要處增設營盤，蓋造營房，撥兵防守。據《新安縣志》載，輞井設營盤一座，安兵三十名；水逕

頭設營盤一座，安兵三十名；若草峒設營盤一座，安兵三十名；蓮花逕設營盤一座，安兵三十名；飛鵝莆設營盤一座，安兵三十名；佛子凹設營盤一座，安兵三十名把守。在南山建炮台一座，安兵三十名，生鐵炮八門，另設赤灣左、右炮台各一座，均安兵二十名，生鐵炮六門，以加強防守。

清乾隆二十二年（1757），續撥戰守兵八百四十六名入本營，充額湊上。裁汰戰馬三十四匹，存三十三匹。至嘉慶十六年（1811），奉旨添兵一百五十四名，連外委本身馬糧五名在內，共戰守兵一千名。內馬、兵二十名、步戰兵二百九十三名、守兵六百八十二名，戰馬二十五匹。

清乾隆末年，廣東沿海常受越南叛黨及廣東沿海艇盜所擾，至嘉慶十年（1805），越南亂平，惟廣東東南艇盜流劫沿岸，對珠江三角洲一帶村鎮，時加劫掠，擄人勒贖，幸得兩廣總督百齡實施封鎖政策，並對離心之盜首招降利誘，加以沿海居民頑抗，以及巡海眾長官的勇敢圍剿，至嘉慶十五年（1810），東南艇盜之患始平。翌年（1811），朝廷以廣東沿岸海防薄弱，遂增置水師提督一員，駐紮虎門，前新安營駐軍改為粵東水師左翼鎮，移駐陽江，而大鵬營則改作提標水師左營，駐防新安。自是，港深地區沿海遂歸大鵬營防衛。

時該營設置參將一員、守備一員、左右哨千總二員、左右哨把總四員、外委千把總七員，率兵八百名駐守，惟巡海艦艇則只有大中號米艇共七隻，配兵出海緝捕。該營轄下塘汛九處：九龍

汛、大嶼山汛、鹽田汛、上峒塘汛、關湖塘汛、下沙塘汛、老大
鵬汛、紅香爐汛、東涌口汛；除此，該營亦負責守衛大嶼山炮
台、沱濘山炮台及九龍炮台，其治所位於香港東面大鵬半島上的
大鵬城。

大鵬營與左右二營的分設

清道光十一年（1831），英人東來進行貿易並走私鴉片，其
艦艇停泊於珠江口的伶汀洋，以及大嶼山海面一帶。其時，因
水師左營的大鵬營距伶汀洋及大嶼山頗遠，對防範該區實有鞭
長莫及之勢，故將該營兵力增強，分左右二營。其左營即原大鵬
營，負責香港東面沿海防務。新增的右營，置大嶼山東涌，負責
香港西面沿海防務，與香山協及虎門寨密切聯防，為粵省門戶的
前哨。

大鵬右營的主管為守備，由香山協前山營抽撥，另添設千總
一員及把總二員，再從原大鵬營調撥把總一員，率兵四百八十二
名駐防。又從水師各營移撥大米艇一隻、中米艇一隻、撈繒船三
隻，協助巡洋，駕航員弁皆從水師各營調配。該營轄管大嶼山上
及鄰近地區一帶的汛地，包括：東涌口小炮台汛、大嶼山汛、大
嶼山石筍炮台汛、青龍頭汛、長洲汛、青衣潭汛、坪洲子汛、深
水埗汛、蒲苔汛、沙螺灣汛、大濠汛、急水門汛、梅窩汛、榕樹
灣汛，治所位於大嶼山北岸的東涌所城。

大鵬協左右二營

清道光二十年（1840），以鴉片走私盛行，加上英人的威脅日大，遂將大鵬營改升為協，增強兵力。時該協右營設有守備一員、千總二員、把總四員、外委二員、額外外委二員，兵員增至六百八十三名。除舊日所轄台汛外，另增設官涌炮台一座，以把總一員，兵七十五名駐守。巡洋水師除原設的大米艇一隻、小米艇一隻及撈繒船三隻外，另添米艇兩隻及快船一隻，兵弁皆從水師各營調撥。

鴉片戰爭初期，大鵬協守軍曾多次與英軍接戰，略有成果，惜最後清廷仍蒙敗績。清道光二十二年（1842），香港島割讓予英國。其時，位於香港島西面的大鵬協右營，因握北上廣州水道的前哨，其地位更形重要。

鴉片戰爭後，港島割讓予英國，令九龍半島的軍事地位，更為重要。清道光二十三年（1843），於九龍砲台背後增建九龍寨城，道光二十七年（1847）建成。寨城建成後，移大鵬協副將率兵駐守。城內共駐兵二百五十名，由大鵬協左營右哨額外外委一員，率防兵一百五十名，以及大鵬協右營右哨二司外委把總、右哨額外外委各一員，率兵一百名組成。又將大鵬協右營各弁兵，分配駐守屯門及急水門兩岸要地。時該營水師兵弁共六百四十一名，分配駐守下列各地：

右營守備、右哨二司把總、存城外委、存城額外外委各一員、存城防兵一百五十五名，駐東城所城。

左哨二司外委把總一員、兵三十名,分防東涌口小炮台。

左哨頭司把總一員、兵五十名,分防青龍頭。

左哨頭司外委把總一員、兵五十名,分防青衣潭。

左哨千總、左哨外委把總、左哨額外外委各一員、兵六十名,管駛出洋巡船。

右哨千總一員、兵四十名,分防大嶼山汛。

右哨外委千總一員、兵三十名,分防大嶼山石筍炮台汛。

右哨頭司把總、額外外委各一員、兵四十五名,分防長洲汛。

右哨頭司外委把總一員、兵十五名,分防坪洲子汛。

右哨二司外委把總、右哨額外外委各一員、兵一百名,駐九龍寨城。

除此,另有深水埗汛,防兵三十五名;蒲苔汛,兵二十名;沙螺灣汛,兵五名;大濠汛,兵五名;急水門汛,兵十名;梅窩汛,兵五名;榕樹灣汛,兵十名。

大鵬協的裁設

清咸豐十年(1860),九龍半島轉歸英屬,大鵬協左右二營轄地遂被分割,其軍事地位漸失,至同治八年(1869),右營兵弁實存三百二十名。光緒二十四年(1898),英人租借新界及離島地區,兩營汛台皆在英界內,故被裁設。

深港沿岸的明清寨城

　　明代廣東沿海的關城，就其編制，分衛城、所城、寨城三類。衛所的治所，皆建關城，衙署建衛九、城內；巡檢司的治所，部分亦建關城，衙署位於司城內，其無另設關城者，衙署則附設衛城或所城內。各衛所的駐兵員數各異，視乎其所在地的防守需要而定。關城皆建於軍事要衝及交通便利之處，以便於需要時快速派兵馳援。

　　此類關城，多倚山傍水建築，或握交通要道以衛沿海地域。城牆多為土石磚塊疊砌，外加濠溝，出入孔道建有城門，有拱形或方形。門外間中建有甕城，亦稱月城或子城，呈半月形，出口偏另開城門，對關城起保護作用。城內除軍隊駐守外，亦有民居。平時城門大開，居民可自由出入。城內設有街市，居民可自由買賣。戰時緊閉城門，派兵至城牆守衛，固若金湯。

大鵬城

大鵬城，原稱大鵬守禦千戶所城，位於今深圳市大鵬半島頸部，後枕大鵬嶺，東邊近海，鄰近烏涌村，為粵東海防東路重鎮。

明洪武二十七年（1394），廣州左衛千戶張斌，於大鵬半島險要處，修築所城。初欲於今寶安縣南澳鎮新屋村西約一百米處建築；後因該處有黃猺哀鳴，以其為不祥之兆，故另擇地，建於烏涌村今大鵬城之地；遺址稱老大鵬，或舊大鵬。如今，該處仍存城牆一段，立田野中，城牆為沙石堆疊而成，長八十米，高兩米多，底闊四米餘，頂上長滿雜草，呈南北向。當地人稱之為「城籬頭」。牆不遠處，今已闢作民舍。

位於烏涌村的大鵬城，形制甚偉，為沿海所城之最。城周長751.25 米，牆高 5.99 米，牆基闊 4.66 米，頂闊兩米，內外砌以磚石，中為沙泥，垛口六百五十四個，開東、南、西、北四門，上置城樓。城外東、南、西三面環水，濠周長 1325.34 米，闊五米，深 3.33 米。該城自建成後，並無擴建。

清康熙十年（1671）八月，颶風吹毀四座城樓及垛口五十二個，知縣李可成、大鵬營守備馬玉成等捐資修復。康熙二十年（1681）復略作修葺。嘉慶十七年（1812），知縣李維榆捐廉重修四座城樓、城牆馬道及垛口，嘉慶十九年（1814）十二月竣工。自後並無修築。

該城於明代時為大鵬守禦千戶所的治所；清初為大鵬所防守

大鵬城南門

大鵬城內街道

營治所；清道光十一年（1831），大鵬營升為協，分左右二營，該協的治所及左營署皆設城內（右營治所設大嶼山北岸的東涌寨城）。道光二十年（1840），以英人的威脅日大，大鵬協治所移駐九龍，並於該處另建九龍寨城。自後，大鵬城的軍事地位遂失，城內漸成貿易街市及民居。

城內舊有縣丞署、參將署、守備署、軍裝局、火藥局、大鵬所屯倉、天后廟、關帝廟、趙公祠、華光廟、城隍廟、伯公廟等建築，惟多已難考。其仍可考者，有：

（一）火藥局：曾為鵬城小學課室，現作宿舍用。

（二）左堂署：即左營守備署，今已拆卸，空地上放置兩石獅子，以作紀念。

（三）關帝廟：曾為鵬城小學勞作室，內原有清光緒九年（1883）石碑兩闕，今已存放深圳博物館。

大鵬所屯倉

（四）晏公祠：清末改祀侯王（留侯張良），今門聯仍存，曾為寶安縣糧食局糧油購銷站，今空置。

（五）天后廟：位於南門直街，今已重建。

此外，城內仍存將軍府第六所，除一所屬劉起龍提督外，餘皆分屬賴氏，中以賴恩爵提督的振威將軍第規模頗偉。鄭氏的司馬第，位於該府第西側，用以紀念曾為侍衛的鄭才利。上述各府第，今皆用作民舍。

清代大鵬協右營的東涌所城

東涌所城位於大嶼山北岸東涌谷內上下嶺皮村之間，建於清道光十二年（1832），為嶺皮村何氏族人獻地，並捐助七十兩錢建成。該城依山面海建築，長二百五十呎，深二百六十五呎，牆高十呎，正面主牆厚約十五呎，側牆厚約二呎，開三門：北門為正門，名「拱辰」，東門名「接秀」，西門名「聯辰」，各門皆

東涌所城正面城牆

作拱形，門楣上嵌石額。圍牆皆以修琢平整的麻石條疊砌而成。該城為首任守備何駿龍所督造。

　　正門石額橫書大字「拱辰」二字，右首直書小字「道光十二年歲次壬辰，兩廣總督部堂李鴻賓，巡撫廣東部院朱桂楨，水師提督軍門李增階，奏准籌款建造」，左首直書「督造守備何駿龍」。何駿龍，字澤雲，香山黃旗都人，行伍，歷任香山協左營千總、署東山水師營守備，遷南澳鎮游擊，繼任大鵬營參將。詳清田明曜《香山縣志》卷十一。

東涌所城城牆上大炮

正門「拱辰」石額

九龍寨城

九龍寨城位於九龍灣畔，離海岸一百五十餘丈，為一方形石城，周圍共一百八十丈，城內橫量七十丈七尺，直量三十五丈二尺。東西兩牆共長六十六丈，高一丈三尺；南面城牆長六十九丈，高一丈五尺四寸，三面城牆底部厚一丈四尺，頂部厚一丈四尺；北面城牆依白鶴山麓建築，長六十四丈，高一丈三尺，牆腳厚七尺，頂厚七尺。城牆上共有城垛一百一十九座，各高五尺，厚二尺二寸。各牆建築均甚堅固，外牆為八寸方形長條麻石三層，內牆兩層，中為黃泥沙土混成，城垛則以八寸方形磚石砌成。

城開四門，上有敵樓，各門皆以其所在的方向為台，高丈餘，闊八尺，深二丈餘，頂作半月形，設有鐵閘。正門為南門，門頂石額陽刻「九龍寨城」，上款「道光二十七年季春月穀旦」，下款「廣東巡撫部院黃，太子少保兩廣閣督部堂宗室耆，廣東全省水師提督軍門呼爾察圖巴圖魯賴」三人銜名，其上石額陽刻「南門」二字。

城內開水池，廣深各一丈，另有水井二口；城內通衢街道俱鋪石板。正北面建武帝廟一座；東北角建副將府及巡檢衙署各一所；西北角建演武亭、大校場、軍裝局、火藥局、兵房十四間、堆房六所。東南及西南闢為民居，不致兵民互雜。

清道光二十七年（1847），因城外居民多欲遷入城內居住，故將北牆添築長十九丈，並將東、南、西三城牆腳各加厚二尺，

九龍寨城南門

九龍寨城北門及後山增建的圍牆

北城牆腳加厚一尺，使上窄下寬，以固牆基，並於後山增建粗石圍牆一道，長一百七十丈，高八尺，厚三尺。城牆上周圍的馬道兩旁及內外牆腳，均加灰沙城心，添用橫長石條。城內廟宇及衙署，牆腳均改用石砌，開平地基，並於東門內添築照牆。城外挖砌濠溝，以增強守衛。

城上敵台東、南、西三面配炮三十二座，其中五千斤炮一座、四千斤炮一座、三千斤炮四座、二千五百斤炮六座、二千斤炮兩座、七百斤炮兩座，皆原置尖沙咀及官涌兩炮台，餘者從新安縣城移置。北牆依山，故無須備炮。

清光緒二十四年（1898），英人租借新界，為期九十九年。其初，九龍寨城內仍有清廷官員駐守，在城內各司其事。翌年，英政府於接收新界時，因元朗及錦田等地有鄉民反抗，乃以清廷官方協助不力為由，據《展拓香港界址專條》上有關九龍寨城主權問題的附帶說明，於是年五月十六日，將寨城內的清朝官員驅逐出境。

自清朝官員撤出寨城後，該處遂淪為民居。歷國內多次變亂，遷入者日眾。因寨城主權本屬中國，故港府對之並無完善管理，致令衛生環境日差。1987 年，港府宣佈遷拆寨城內仍存留的屋宇，並在該地闢建公園。1995 年，九龍寨城公園建成。

九龍寨城公園入口

遷拆前寨城內的屋宇

　　明代於廣東沿岸建有墩台及烽燧，惟只作瞭望及示警之用。
清初始於廣東沿海建築炮台式要塞，此等建築，是從明代海防衛
所城池體系基礎上演變而成。其時，以舊有的海防設施只為集中
的點式防禦，雖建於有利的地形位置，但仍不能將周圍各有利的
防守點包括在內；故於沿海較高及險要之地，建築炮台式要塞，
以作長期堅守的國防要地，控制重要地區，並封鎖由海岸通向內
陸的交通要道。

　　此等要塞，依其任務及用途，大致可分下列幾類：一、海口
要塞：用以握守海口，保障海灣及海港的安全；二、海岸要塞：
用以鞏固海岸、海灣及港灣的安全，掩護灣泊的水師，並支援海
島作戰；三、江防要塞：用以保衛沿江要地，扼制航道，防止敵
人深入內地；四、海島要塞：用以固守近海的重要島嶼，掩護海

口及海岸的安全。

各要塞皆由炮台、望樓、營房、火藥庫、子彈庫、演武廳、圍牆、塹壕及障礙物等部分組成。清初建築的炮台要塞，多位於視野廣闊、射擊便利，且能居高臨下的險要地點。炮位部分為一高台，多作長方形，亦有作圓形者，用岩石疊砌，中加灰沙土，增厚堅固。炮台部分與營盤部分連接；營盤作長方形，亦有作梯形，依地勢而定；開一門，四周圍牆約五米高，厚兩米；牆頂建有垛口，營盤內建有營房、火藥庫、子彈庫及演武廳。

清代中葉因火炮的威力增加，射程更遠，故放棄部分位於暴露位置的炮台，改建城牆低厚、炮位較隱蔽及依山靠水的炮台。惜此等炮台目標仍大，炮位集中，易為敵人集中射擊，實施突破。

第一次鴉片戰爭之後，沿岸海防炮台要塞皆經重修或加建，除選擇視野開闊，射擊方便，居高臨下及能扼制航道的險要地點外，並根據各種火炮的射程和威力，在有利的地形上，從山頂、山腰及山腳下，採取層層配置，對所控制的海面、海口及海岸等部位，達到火力集中、炮位疏散、消除死角、減少損失及互相掩護等目的。

各要塞分由炮位、指揮部、火藥庫、子彈庫、營房及護牆組成。分述如下：

（一）炮位：其置於山腳下呈弧形者，稱月台，台內火炮於射擊時，彈道低伸，射擊敵船時無死角，能夠較易控制水面。山

腰及山頂的炮位為露天者，稱炮池，內置射程較遠、威力較大的火炮，對山腳下的炮位，實施超越射擊。各炮位掩護體皆為三合土築成，其旁建有人員掩蔽部分。各炮位間建有掩蔽溝濠，內置火藥室及子彈庫。

（二）指揮部：為望樓與台城結合的指揮所。台城為一不規則的小城，內築房間，四周牆上設射擊孔。城中建小望樓，既供觀察，亦可指揮作戰。

（三）火藥庫：位於炮台後方，用隱蔽的暗道與炮池連接。其位置當為敵人火炮不能直接命中的地方，以保其安全。

（四）子彈庫：位於炮台暗道內，亦有設於炮池護牆上，為拱形結構。

（五）營房：建於炮台背後的山坡上，供守台士兵休息及食宿，四周建有圍牆，四角築台，以作防衛。炮台規模大者，營房側建有演武，周圍亦有圍牆掩護。

（六）護牆：炮台圍以磚石砌築的環形陣地，將炮池、指揮部及營房等圍合在內，使守炮台的炮兵與兵在作戰中能密切配合。

此等炮台要塞，於二十世紀初仍見運用，部分毀於二次大戰時。戰後，有些改作兵員訓練場所，亦有修葺完好後，供人遊覽；惟其中規模較少、離市區較遠者，則被棄置，現多已被野草覆蓋。如今，廣、惠、潮三府沿海地帶，仍有不少遺蹟可尋。

赤灣炮台

赤灣炮台，位於深圳蛇口半島南端赤灣畔，建於清康熙八年（1669），分左右兩炮台。左炮台安炮六座，駐兵二十名；右亦安炮六座，駐兵二十名，皆歸新安營游擊轄管。鴉片戰爭時，該炮台為虎門海防前哨，駐兵情況無大改變，至光緒中葉始被廢置。

右炮台於日軍侵華時被毀，遺址已被灌木及野草所蓋，甚難訪尋。近年蛇口半島大事發展，該台所在的小山亦已被夷平。左炮台位於赤灣港海灣左炮台路鷹咀山上，新中國成立後，曾為軍隊哨所，1983 年列為深圳市重點文物保護單位。該炮台近年已修復開放，供人遊覽憑弔。

該炮台呈方形，長十餘米，闊四至五米，高約三米，以石塊砌成，開一拱門，北向，台內中為通道，兩旁營房排列，左首三

赤灣左炮台

間，右首四間，今存殘垣斷壁可考。通道盡處有石階登台頂，南面為一高台，原為大炮安置之所，中為望台，今餘殘垣。餘三面皆中為城牆，可供行。

雞翼角炮台（分流炮台）

雞翼角炮台，原稱大嶼山炮台，亦稱石筍炮台，今稱分流炮台，位於大嶼山西南端分流岬角之高地上。炮台建於清康熙五十六年（1717），呈長方形，長約四十六公尺，闊約二十一公尺，牆高約四公尺，厚約一公尺，以花崗岩及灰沙磚疊砌而成，開一門，東向。南面築一平台，有石階可登，為安放大炮之所。台內原建管房二十間，置炮八門，由外委千總一名，率兵四十八名駐守。光緒間，駐兵減至三十名。該炮台近已修復，並開放供遊覽。

雞翼角炮台遺址

佛堂門炮台（東龍炮台）

佛堂門炮台，今稱東龍炮台，位於香港東部東龍洲北端，建於清康熙五十六年（1717）。炮台呈長方形，一門西向，長三十四米，闊二十三米，牆厚約三米，高約五米，面東牆上有一平台，闊約七米，旁有闊約一米的石階，供登台守望之用。該台建有營房十五間，置炮八門，以把總一員，率兵二十五名駐守。清嘉慶十五年（1810），以該炮台孤處海外，島上又無村莊居民，且年久圮壞，難於控制，故將之放棄，駐兵及大炮移至九龍寨海旁的九龍炮台。

今該炮台已重修，且開放供遊覽，並經考古發掘，獲當年守台兵弁日用品多件，石彈、鐵彈及火藥缸多枚。

佛堂門炮台遺址

九龍炮台

九龍炮台，位於今香港九龍灣畔，建於清嘉慶十六年（1811）。駐兵及大炮遷自被放棄的佛堂門炮台。

該炮台呈方形，牆垣周長三十一丈，高一丈一尺，城垛四十二個，每個高三尺。面海城牆馬道寬一丈三尺餘，後牆約寬五尺，內有營房十間。該炮台安炮八座，以千總一員，率兵四十二名駐守。

該炮台及其鄰近地區現已闢作九龍寨城公園，惟無遺蹟可尋。

石獅炮台（東涌小炮台）

石獅炮台，原稱石獅腳炮台，位於大嶼山東涌口石獅山山麓，建於清嘉慶二十二年（1817），原有炮位兩座、兵房七間、

石獅炮台遺址

火藥局一間，惜遺址無考。如今東涌碼頭東首小山上，有一廢壘。該壘為麻石建築，呈方形，門北向，今餘東面牆垣及東北角的平台。平台疑為置炮之所。西南兩牆已無遺蹟可考。牆垣內據云：昔年馬灣涌橋崩圮，工人曾於此處取石修築，橋名彌勒橋；故今只餘小部殘缺圍牆。此廢壘疑為石獅腳炮台之一部分，但兵房與火藥局等遺址，則至今仍未獲悉。

尖沙咀炮台與官涌炮台

尖沙咀炮台與官涌炮台，位於九龍半島南部尖端，均建於濱海的小丘上，建於清道光二十年（1840）。兩台牆垣皆高十多尺，周圍建有城垛，牆下建有炮眼，內有官署、兵房、神廟及火藥庫等建築。尖沙咀炮台稱懲膺炮台，以把總一員率兵七十五名駐守。官涌炮台稱臨衝炮台，以千總一員，額外外委一員，率兵一百三十名駐守。兩台共置大炮五十六門。

清道光二十一年（1841）正月，以兩炮台孤處海外，不足禦侮，因令撤防。是年三月二十三日，英軍佔據兩炮台；五月二十四日炸毀官涌炮台，尖沙咀炮台則被拆卸，磚石運往港島，用作建築材料。

尖沙咀炮台遺址上曾建有前香港尖沙咀水警總部，現活化為1888商場。官涌炮台之小山則已被夷平，鄰近發展官涌道及官涌街市，以作紀念。

深港沿岸的明清墩台

墩台為利用烽火或煙氣傳遞軍情的建築，早於商周期間已有建造，用以觀察敵情，舉火報警。漢代稱「亭」或「燧」，亦有合稱「亭燧」；唐宋稱「烽台」；明代稱「煙墩」或「墩台」；惟一般則俗稱「烽燧」、「烽堠」、「狼煙台」，或「煙墩」。

墩台多建於邊界高山險要之處，或在交通要道，或在城牆上。至明中葉，廣東沿海地區始有建造，清代仍之，分為空心墩與實心墩兩類。

空心墩中空心，內可置兵駐守，方形，四邊築土牆，底厚3.33米，中厚1.67米，近上厚一米，高3.33米。分兩層，底層高4.33米，置木梯登二層，高四米，四面各開小門，頂上蓋一小房，晝夜瞭望，台上多積滾木擂台。遇敵攻墩，則守軍盡入墩內，木石從台上打下，敵難接近。守軍可於台上，以煙火、旗燈或號炮，將訊息傳達後方。

實心墩為一實心台，高116.55米，頂上置一小房，旁以軟梯上落，守軍可於台上瞭望。其旁建大草架，離地1.67米，高五米，周長3.33米，上置柴草，頂上以稻草蓋如屋形，使不為雨水所濕。若遇敵情緊迫，守軍可以引箭，將火種射上草架，引燃柴草。

北方煙墩皆舉狼煙，惟南方濱海地帶，狼糞既少，且常遇陰霾昏晝，煙氣難被遠處望見，故改以柴草生火，火勢大而且久，好使鄰墩能守望看見。墩台上建長旗竿兩根，轆轤車繩全副，守

廣東沿海地區的明清墩台分佈

南山煙墩

軍視敵從何方入犯，即以約定旗號、燈號或號炮示警。清代墩台守軍的放炮、扯旗及扯燈口訣如下：一炮青旗敵在東，南方連炮旗色紅，白旗三炮賊西至，四炮元旗北路逢。一燈一炮敵從東，雙燈雙炮看南風，三燈三炮防西面，四燈四炮北方攻。

　　明代於廣州府沿海建造的烽堠，凡五十五處，清代略有增減，且有重修。因都市的發展，今深港沿海只餘南山煙墩，位於蛇口半島北面南山上，清康熙七年（1668）建。圓形，土堆成。該煙墩近年被復修，改為方形，以磚石堆成。惜無遺蹟可尋。

海防軍備

海防將官的品秩、服飾及歲俸

清時，區內防盜及剿盜的勢力，主要為廣東綠營水師，其最高長官為提督，其下依次序為總兵、副將、參將、游擊、都司、守備、千總、把總、外委千總、外委把總、外委。各長官的品秩、服飾及歲俸列後：

提督：從一品，紅寶石頂戴，袍服繡麒麟，歲俸八十一兩，加支五百二十四兩，養廉銀二千兩。

總兵：正二品，珊瑚頂戴，袍服繡獅子，歲俸六十七兩，加支四百四十四兩，養廉銀一千五百兩。

副將：從二品，珊瑚頂戴，袍服繡獅子，歲俸五十三兩，加支三百二十四兩，養廉銀八百兩。

參將：正三品，藍寶石頂戴，袍服繡豹，歲俸三十九兩，加

支二百四十兩，養廉銀五百兩。

游擊：從三品，藍寶石頂戴，袍服繡豹，歲俸三十九兩，加支二百四十兩，養廉銀四百兩。

都司：正四品，藍寶石頂戴，袍服繡虎，歲俸二十七兩，加支一百一十四兩，養廉銀二百六十兩。

守備：正五品，水晶頂戴，袍服繡燕，歲俸十八兩，加支七十二兩，養廉銀二百兩。

千總：正六品，車磲頂戴，袍服繡彪，歲俸十四兩，加支三十五兩，養廉銀一百二十兩。

把總：正七品，素金頂戴，袍服繡犀牛，歲俸十二兩，無加支，養廉銀九十兩。

外委把總：正九品，陽紋鏤花金頂戴，袍服繡海馬，歲俸不詳，無養廉銀。

外委：從九品，無頂戴及袍服，歲俸不詳，無養廉銀。

水師馬兵每月餉銀二兩，步兵一兩半，守兵一兩，士兵每人每月一律給米三斗。

以上為日常駐營時的俸餉，遇有執行任務或出征作戰，還會另撥軍費及糧草。

水師師船

十八世紀末至十九世紀初，廣東水師的主要目標為打擊海盜船，緝捕海盜，故水師官員認為應該建造輕便快捷的戰船，如米

艇、快船，但這種船隻只適宜在內河近海航行，無深海遠洋作戰的能力。清雍正朝以來，對水師船隻設置各種限制，嚴重削弱水師船艦設備。至乾嘉年間，各營汛內可用的水師船隻，僅剩裝備與火力有限的小型帆船。

清代廣東水師戰船，種類及名號繁多：乾隆末期，外海水師有艍船、拖風船、膨仔船、烏疤船；內河水師有快哨船、快槳船、槳船、急跳槳船、兩櫓槳船、四櫓槳船、六櫓槳船、八櫓槳船、一櫓船、兩櫓船、四櫓船、六櫓船、八櫓船、快船、艟艚船、烏艚船、急跳船等。嘉慶年間，外海水師有繒船、艍船、哨船、米艇；內河水師有快哨船、小哨船、巡船、快船、槳船、快槳船、櫓槳船、櫓船、烏艚船、艟艚船、快馬船、急跳船等。每種船又有型號的差別，如米艇分為大中小三個型號。其中，趕繒船和艍船是當時的主力戰船。

米艇

米艇部署於內洋（即離島周圍）巡邏，無法進行外洋航行。為了平息海盜之亂，百齡希望建造大型遠洋帆船，他得知中國未有生產適合用作船桅的木材，從東南亞購買木料亦需兩年時間運送而深感失望，唯有建造小型米艇，以及原設計用來航行於河流，比米艇更小型的撈繒船，但這些小船只對小型漁船具威嚇作用。

繒船

繒船有趕繒船、繒船、撈繒船等多種，為一種福船，可作為戰船、捕魚或運送木材之用。因船底為防藤壺等海蟲腐蝕而經常塗上白灰或白漆，故又稱「白底船」。其中大趕繒船船長三十六米多，寬七米左右，二十四個船艙，可載重一千五百石。每船配水手、船工三十多人，水兵八十人。中趕繒船長二十三米，寬六米，深兩米，配水手、船工二十多人，水兵六十人。大、中趕繒船均是雙桅、雙舵、雙鐵錨。

船舷畫有各種吉祥圖案以祈求吉利豐收，行船平安。因吉祥圖案色彩豐富，所以有「花屁股」之稱。

清政府歷朝都對戰船的修造、造價、維修、使用年限等有具體規定，還有針對官員的懲處辦法，但在實際操作中，很難落實到位，以致戰船經常年久失修，造船工期長，造價高，偷工減料，貪腐難抑。

兵器

清軍水師戰船上配置牛皮、戰被等物品，用於撲火並阻擋敵軍射來的箭矢及彈丸。戰船上使用的兵器分火器及冷兵器兩類。火器為水師水上作戰的主要兵器，主要為鎗與火炮。惜所使用者停留在前裝滑膛水平，無大發展。冷兵器為水師近戰時使用的重要兵器，每艘小趕繒船上的軍士都配有弓箭、藤牌、排刀、木牌、鉤鐮槍、割撩刀、竹杆槍、挑刀；有些戰船上除配有這些

外，另有大刀、過船槍、鈇、斧、標（亦稱鏢，分為手標、犁頭標、鐵斗標多種）等。

清軍水師戰船上還裝有火炮，分銅炮及鐵炮兩大類，鐵炮有生鐵炮、熟鐵炮之分。炮的重量、口徑、長短和射程各異，重者七八千斤，更甚者有至上萬斤，輕者僅一百多斤；射程從數十丈到一百五十丈不等。這些火炮大多是滑膛前裝炮，發射實心圓彈，個別火炮可發射霰彈、鐵釘、鐵片。清代造炮技術仍停留在十七世紀水平：冶煉技術低劣，鐵質差，炮身粗糙，容易炸裂，造炮工藝落後，對炮膛內壁的規格及光潔度、彈道軌跡、炮架對炮身移動的影響等多方面缺乏研究，所用火藥亦純度低、質量差，甚至會傷及炮手的安全。

水師官兵的獎懲制度

清軍水師的獎懲制度，對振奮軍心及提高士氣，起着相當重要的作用。

綠營水師規定：凡在水戰中，能跳上敵舟殺敵有獲者均給賞。跳上敵軍一等船的第一人授都司，第二人授守備，第三人授千總，第四人授把總，分別賞銀一百兩、八十兩、六十兩、四十兩，所在戰船的督戰官晉三級，同戰官晉二級；跳上敵軍二等船的第一人授守備，第二人授千總，第三人授把總，分別賞銀八十兩、六十兩、四十兩，所在戰船的督戰官晉二級，同戰官晉一級；跳上敵軍三等船的第一人授千總，第二人授把總，分別賞銀

六十兩、四十兩，所在戰船的督戰官晉一級，同戰官給適當獎勵。戰船的炮手，凡擊沉敵軍船隻兩艘者授把總，賞銀四十兩；擊沉三艘者授千總，賞銀六十兩；擊沉三艘以上者遞加授官；擊沉一艘者只賞銀二十兩，不授官。需要說明的是，這裡所授者只為官銜，而不是官職，官職要有空缺時才能補任。所以，綠營水師軍官中，官銜高於官職二三級者，甚為普遍。

此外，凡招降敵軍五百人以上或一等大舟五艘、二等中舟十艘、三等小舟二十艘以上者，可記錄一次；招撫敵人二千人以上或大舟十艘、中舟二十艘、小舟四十艘者，功加一等。

清軍水師官兵凡作戰畏縮或潰逃、操舟失誤致使戰船損傷、貪污盜竊軍用物資，或不能按期完成軍務者，皆當受相應處罰，甚至依法判刑。處罰分罰俸、降級、革職三種，刑罰分笞刑、仗刑、徒刑、流放、死刑五種。在執行中，戰時比平時要嚴厲。

水師的巡洋會哨制度

清代水師的主要職能，為定期派遣戰船在所轄水域巡邏，並在約定的時間、地點，與鄰近的水師戰船會哨，交換文件，以備查驗。廣東水師出巡時間，以六個月為一班，輪流出巡。廣東水師提督每年夏、冬二季還需親率船隊出巡，視察各地水師的訓練及設防狀況。各鎮、協、營、汛每季也必須派出戰船，在預定時間及海域，與鄰近水師單位會哨。誤哨的水師官兵會被視為失職，其長官會受到相應懲罰。

廣東綠營水師的巡洋會哨制度

清代通常稱巡海作巡洋，規定頗為嚴格。清嘉慶五年（1800），清政府規定：清軍綠營水師以各地總兵為統巡官，副將、參將、游擊為總巡官，都司、守備為分巡官，千總、把總為專巡官或協巡官，不得以微員擅代。統巡官每季須派定巡海軍官，並造冊送兵部及總督、巡撫、提督核查。

會哨制度又稱巡洋會哨制度，即按照水師佈防的位置及力量，劃分一定的海域為其巡邏範圍，設定界標，規定相鄰的兩支巡洋船隊按期相會，交換令箭等物，以防官兵退避不巡等弊端，確保海區安全。巡洋會哨可分為各鎮水師官員每年定期巡洋的「總巡」，以及都司、守備等中下級官員擔負的日常巡洋的「分巡」。

水師在洋面巡防的主要目的，為保衛來往中外商船航行安全（保商），緝拿走私及移民，防範海盜侵擾（靖盜）。在巡洋會哨制度下，海盜騷擾除個別年份較為猖獗外，大部分時間都洋面平靜。此外，清政府制定了較為詳細的獎懲條例，對不履行會哨職責者給予懲罰，對成功緝拿海盜者進行給賞。

廣東綠營水師的巡洋會哨情況

清朝的會哨制度沿襲自明代。廣東水師的巡洋官兵，以六個月為一班，每年分為上、下兩班，會哨情況是：東路於柘林設把總，哨至豬頭礁，與碣石會；碣石設把總，哨至大星洋，與南頭

會。中路於虎頭門設把總，哨至三角洲，與廣海會；廣海設守備，哨至黃麖門，與北津會。西路於陽電設參將，哨至赤水洋，與白鴿會；白鴿門設把總，哨至海安港。

每年三月初十日，碣石鎮與南澳鎮右營會哨於深澳；左翼鎮與春江協會哨於廣海大澳；海安營與海口營參將會哨於白沙，而後巡回本路龍門，與龍門協副將會印通報。五月初十日，碣石鎮與左翼鎮會哨於平海大星澳；春江協副將與海安營游擊會哨於硇洲。八月初十日，澄海協副將與香山協副將會哨於平海大星澳；硇洲營都司與吳川營都司會哨於廣州灣。十月初十日，南澳鎮與澄海協副將會哨於萊蕪；香山協副將與吳川協都司會哨於廣海大澳；龍門協副將與海口營參將會哨於白沙。

每年春、秋二季，各地綠營水師在駐地主將指揮下，乘艦列陣，揚帆駛風，鳴角發炮，操演咸如軍律。朝廷亦經常派出官員檢閱各地水師會操。

※

結語

　　南頭城為歷代嶺南沿海地區的行政管理中心、海防要塞、海上交通及對外貿易的集散地，亦為深港澳地區的歷史文化源頭。該城自明洪武二十七年（1394）建成後，曾經多次擴建重修，歷明清而迄民國，為新安（寶安）縣治所。八年抗戰期間，城內多處曾被轟炸，古蹟亦多被毀。解放後，治所他遷，該城改為民居地域。城內舊有建築物，如鳳岡書院、東莞會館、報德祠、節孝祠、文文山祠等，亦多已廢圮。近年多被重修，改作其他用途。

　　1983 年 5 月，南頭古城南門和北城牆，被深圳市人民政府公佈為市級文物保護單位。1984 年 9 月，信國公文氏祠、東莞會館、育嬰堂三處，又被公佈為市級文物保護單位。1988 年 7 月，南頭古城址被公佈為市級文物保護單位。同時，政府陸續對古城內的重點文物建築，進行復原修繕。1996 年，南山區政府

同意整修南頭古城,並於 1997 年對之進行全面保護。1999 年 9 月,南山區人民政府正式成立南頭古城管理處,負責日常的文物保護管理事務。

2019 年 3 月起,南頭古城的保護修復及特色文化街區改造提升項目正式啟動,中以十字主街、街心公園、工業區廠房等,作為重點改造區域。古城改造完成後將分四大功能區:歷史懷舊區、藝術文化體驗區、品質生活區、文化創意區。城內三百三十多米長的南北街示範段,將引入餐飲、特色零售、文創空間、公共展覽等多元業態,區內文化創意區共分佈在南頭古城牌坊、南城門廣場、南頭 1820 數字展廳等段。

2002 年 7 月,廣東省人民政府公佈南頭古城垣為省級文物保護單位,古城內主要建築包括古城門及城垣、縣衙、東莞會館、報德祠、聚秀街門樓、育嬰堂、信國公文公祠等。城內原寶安縣政府舊址處,現為南頭古城博物館,展示深圳建城歷史。

蕭國健作品集

策劃編輯　梁偉基
責任編輯　張軒誦
書籍設計　a_kun　陳朗思
書籍排版　陳朗思

書　　名　新安舊境：南頭古城簡史
著　　者　蕭國健
出　　版　三聯書店（香港）有限公司
　　　　　香港北角英皇道四九九號北角工業大廈二十樓
香港發行　香港聯合書刊物流有限公司
　　　　　香港新界荃灣德士古道二二〇一二四八號十六樓
印　　刷　美雅印刷製本有限公司
　　　　　香港九龍觀塘榮業街六號四樓 A 室
版　　次　二〇二四年三月香港第一版第一次印刷
規　　格　大三十二開（140×210mm）二〇八面
國際書號　ISBN 978-962-04-5421-9
© 2024 三聯書店（香港）有限公司
Published & Printed in Hong Kong, China.